Ich schenk dir eine
Geschichte 2012

W0016496

cbj

Welttag des Buches 2012

Wir danken den Buchhandlungen,
die mit ihrem Engagement dieses Buch
und den Welttag unterstützen.

Wir danken folgenden Firmen, mit deren
freundlicher Unterstützung dieses Buch
ermöglicht wurde:

Holmen Paper Ab, Schweden
(Textpapier)
Tullis Russel Company, Schottland
(Umschlagkarton)
Uhl + Massopust, Aalen (Satz)
Repro Stegmüller, München
(Umschlagrepro)
GGP Media GmbH, Pößneck
(Druck/Bindung)
VVA Vereinigte Verlagsauslieferungen,
Gütersloh

Ich schenk dir eine Geschichte 2012

Christine Fehér

Wir vom Brunnenplatz

Mit Illustrationen
von Elisabeth Holzhausen

Herausgegeben von
der Stiftung Lesen
in Zusammenarbeit
mit der
Verlagsgruppe Random House,
der Deutschen Post
und dem ZDF

cbj
ist der Kinder- und Jugendbuchverlag
in der Verlagsgruppe Random House

cbj-Taschenbücher gibt's in Buchhandlungen,
in Buchabteilungen der Warenhäuser und überall,
wo man Bücher kaufen kann.
Buchhandlungen sind gerne bereit,
jedes lieferbare cbj-Taschenbuch schnell zu besorgen.
Das cbj-Gesamtverzeichnis gibt's beim Buchhändler
oder unter dieser Adresse: cbj, Prospektservice, 81664 München

Informationen über unser Programm im Internet:
http://www.cbj-verlag.de

Verlagsgruppe Random House FSC-DEU-0100
Das FSC®-zertifizierte Papier *Holmen Book Cream*
für dieses Buch liefert Holmen Paper, Hallstavik, Schweden.

Einmalige Sonderausgabe April 2012
Gesetzt nach den Regeln der Rechtschreibreform
© 2012 cbj Verlag, München
Alle Rechte vorbehalten
Umschlag- und Innenillustrationen: Elisabeth Holzhausen
Umschlaggestaltung: Klaus Renner
MI · Herstellung: CZ
Satz: Uhl+Massopust, Aalen
Druck und Bindung: GGP Media GmbH, Pößneck
ISBN: 978-3-570-22350-5
Printed in Germany

Vorwort

Sommerferien in einer Hochhaussiedlung? Wer jetzt an Langeweile denkt, kennt die Kinder vom Brunnenplatz nicht. Noch nicht: Denn Christine Fehér erzählt in dem diesjährigen Welttagsbuch »Wir vom Brunnenplatz« die Geschichte einer bunt zusammengewürfelten Gruppe von Kindern, die gemeinsam einen Sommer voller spannender und auch ein wenig verrückter Abenteuer erleben – oder bist du schon mal auf die Idee gekommen, ein Spiegelei auf dem Asphalt zu braten?

»Ich schenk dir eine Geschichte«, das Verschenkbuch zum Welttag des Buches, erscheint in diesem Jahr bereits zum 16. Mal. Wir freuen uns sehr, dir ein ganz besonderes Welttags-Buch schenken zu können. Zum ersten Mal ist es keine Geschichtensammlung, sondern ein spannender Kurzroman.

Wie in jedem Jahr können alle Viert- und Fünftklässler in Deutschland von dem tollen Angebot Gebrauch machen und gegen Vorlage ihres Buch-Gutscheins ein Exemplar von »Wir vom Brunnenplatz« erhalten. Möglich macht das vor allem der Einsatz vieler Buchhändlerinnen und Buchhändler und natürlich auch aller anderen, die an der Organisation und Durchführung der Buch-Gutschein-Aktion beteiligt sind. Für dieses beispiellose Engagement bedanken wir uns an dieser Stelle sehr herzlich.

Aber wovon reden wir hier? Du hast dein Buch ja schon längst abgeholt und bist bestimmt sehr gespannt darauf, was dich auf den nächsten Seiten erwartet.

Viel Spaß beim Abtauchen in die lustige, abenteuerliche und schön bunte Geschichte der Kinder vom Brunnenplatz – und einen wunderbaren Welttag des Buches!

Jürgen Weidenbach
Verleger und Geschäftsführer cbj Verlag

Frank Appel
Deutsche Post AG

Dr. Joerg Pfuhl
Vorstandsvorsitzender der Stiftung Lesen

Thomas Bellut
Intendant des ZDF

Umzug zum Brunnenplatz

Ich heiße Olli, bin zehn Jahre alt und wohne in der coolsten Gegend der ganzen Stadt – in einem Hochhaus am Brunnenplatz, im achten Stockwerk. Noch lieber würde ich im zwölften Stock wohnen, das ist in unserem Haus die oberste Etage, aber da war keine Wohnung mehr frei, als wir in der vorletzten Sommerferienwoche eingezogen sind.

»Zum Glück.« Meine Mutter pfeffert ihren Wischlappen zurück in den Wassereimer. »Mir genügt die achte Etage vollkommen. Beim Fensterputzen komme ich mir immer vor wie eine Hochseilakrobatin. Bloß gut, dass ich schwindelfrei bin.«

Dasselbe hat sie neulich am Telefon zu ihrer Freundin Sabine gesagt.

»Also ich könnte das nicht«, hat die geantwortet. »Nur Mauern um mich herum sehen und meine Kinder in so einer Betonwüste aufwachsen lassen. Da würde ich lieber woanders Abstriche machen.«

»Es hat auch jede Menge Vorteile«, meinte Mama. »Gerade für die Kinder. Und ob du es glaubst oder nicht: Wir wohnen gerne in der Stadt. Außerdem muss man dahin ziehen, wo die Arbeit ist.«

Ich weiß genau, was sie damit meint. Papa hat es meiner Schwester Emma, die acht ist, und mir erklärt. Er hat eine neue Stelle angenommen, aber die ist zu weit von unserer alten Gegend weg, um jeden Tag hin- und herzufahren. Also hat er im Internet nach einer neuen Wohnung gesucht und die am Brunnenplatz gefunden.

»Das packt ihr doch locker«, hat er gemeint und Emma und mir die Haare durchgewuschelt. »Wer so gut drauf ist wie ihr, kann überall Spaß haben, oder?«

Emma hat natürlich ein bisschen geheult, vor allem wegen ihrer besten Freundin Lisa, die sie nun nur noch am Wochenende oder in den Ferien besuchen kann. Und auch ich war traurig wegen meiner Freunde in unserer alten Gegend, vor allem wegen Freddie. Ihn würde ich am meisten vermissen. Freddie kommt aus Ghana in Afrika und hat immer verrückte Ideen, was man so spielen kann, und seine Mutter hat immer mein Lieblingsessen gekocht, wenn ich da war: Bananensuppe mit Mais. Aber weil ich ja schon zehn bin, habe ich so getan, als ob mir das alles nichts ausmacht, und an dem Abend sogar noch ganz lange mit Emma am Computer gespielt, damit sie nicht dauernd daran denkt, wie sehr sie Lisa vermissen wird. Sie hat gesagt, dass sie ihr gleich einen Brief schreiben werde, wenn wir eingezogen sind, und dann haben wir über was anderes geredet.

Ein paar Wochen später hat Papa einen Lkw gemietet, und dann sind wir hergezogen, in das Hochhaus Brunnenplatz 10. Ich dachte, dass das ja gut passt mit der Hausnummer 10, weil ich doch zehn Jahre alt bin, und wenn Emma übernächstes Jahr zehn wird, passt es immer noch.

Während Mama mit Emma beim Hausmeister im ersten Stock geklingelt und den Wohnungsschlüssel abgeholt hat, habe ich Papa und seinen Sportkumpels beim Ausladen geholfen und festgestellt, wie praktisch ich so einen Fahrstuhl finde.

»Siehst du«, hat Papa geantwortet und seinen Arm um meine Schultern gelegt. »Der wird ab jetzt dein wichtigstes Verkehrsmittel werden, wetten?«

Als der Fahrstuhl so voll war, dass nur noch Papa und ich hineingepasst haben, hat er mir gezeigt, dass ich immer den Knopf mit der 10 daneben drücken muss. Ich durfte es gleich ausprobieren und musste mich nur ein wenig auf die Zehenspitzen stellen, um die 10 zu erreichen, und schon fuhren wir los. Aber statt bis zum zehnten Stock durchzufahren, blieb der Fahrstuhl schon in der ersten Etage stehen. In der zweiten auch, dann in der dritten und in jedem Stockwerk, und aus dem Treppenhaus hörte ich, wie jemand mit schnellen Schritten nach oben lief, immer neben dem Fahrstuhl oder sogar ein Stück voraus. Zu sehen war niemand.

»So ein Witzbold«, brummte Papa und wischte sich die Stirn mit einem Stofftaschentuch ab, denn wir sind an einem ziemlich heißen Tag umgezogen. »Wenn ich den oben erwische, werde ich ihm gleich die Hammelbeine lang ziehen.«

Ich hatte schon an den Schritten gehört, dass der *Witzbold* ein Kind sein musste. Erwachsene machen so was nicht und können auch nicht so schnell rennen, schon gar keine Treppen. Ich habe aber nicht geglaubt, dass das Kind extra oben auf uns warten würde, um sich von Papa ausschimpfen zu lassen. Doch ein bisschen habe ich es gehofft, vor allem weil ich wissen wollte, ob es ein Junge oder ein Mädchen war.

Schließlich kamen wir doch noch oben an. Papa stieß die Fahrstuhltür auf, und davor stand ein Junge mit schwarzen Haaren und dunkelbraunen Augen und grinste. Ich dachte, dass er etwa so alt sein musste wie ich. Eigentlich hatte ich Lust, ihn zu verprügeln, aber er hörte gar nicht mehr auf, so frech zu grinsen, und zwinkerte mir sogar zu. So richtig sauer auf ihn sein konnte ich da nicht.

»Ich bin Kerim«, sagte er und hob seine Hand. Kerim trug ein weißes T-Shirt mit Silberaufdruck, eine weite

Jeans und schwarze Turnschuhe. Ich selber hatte ganz alte Sachen an, eine kurze Hose und ein T-Shirt, das mir sogar ein bisschen zu klein war. Mama hatte gesagt, beim Umzug wird sowieso alles schmutzig und nach der nächsten Wäsche tut sie die Sachen in die Altkleidersammlung.

»Und ich bin Olli«, antwortete ich und schlug ein wie bei einem alten Kumpel. Und Kumpels sind wir auch geworden. Genau von diesem Moment an.

Papa blickte zwischen Kerim und mir hin und her. Ich riss meine Augen ganz weit auf und schüttelte ganz leicht den Kopf, das sollte bedeuten, dass er Kerim nicht anmeckern sollte. Zum Glück kann man sich in solchen Dingen auf Papa verlassen. Er gab Kerim die Hand und fragte ihn, ob er auch hier im Haus wohne. Kerim nickte.

»Ganz oben«, sagte er. »Im zwölften Stock. Soll ich meine großen Brüder fragen, ob sie beim Tragen helfen? Mein Bruder Hassan hat eine eigene Umzugsfirma, der macht das mit dem kleinen Finger. Meistens Umzüge in die Türkei oder von da hierher. Dagegen ist das hier Vanillepudding.«

»Super Angebot.« Papa strahlte ihn an. »Wir können jede helfende Hand gebrauchen.«

»Komm mit, Olli«, winkte Kerim und war schon halb die Treppe hoch, ehe ich mich überhaupt in Bewegung gesetzt hatte. Ich überlegte, ob er seine zwölf Stockwerke jeden Tag hinauf- und hinunterrannte, denn als

11

wir ganz oben ankamen, war Kerim kaum außer Puste. Ich dagegen japste nach Luft.

Er legte seinen Finger auf den Klingelknopf, neben dem ein langer und für mich unaussprechbarer Name stand. Doch ehe er draufdrücken konnte, zog ich seinen Arm zurück.

»Warum hast du das gemacht?«, fragte ich ihn. »Uns in jeder Etage angehalten?«

Kerim grinste wieder.

»Das mache ich immer, wenn jemand mit Kindern einzieht«, antwortete er. »Damit die gleich wissen, dass ich der Boss bin.«

»Du und der Boss«, gab ich zurück. »Das werden wir noch sehen! Wohnen hier viele Kinder?«

Kerim schnalzte mit der Zunge. »Jede Menge«, sagte er. Meine Bemerkung über den Boss schien er nicht gehört zu haben, oder sie war ihm egal. »In allen Häusern am Brunnenplatz. Wir aus der Nummer zehn sind eine richtige Bande, Mädchen und Jungs, total cool. Hier wird es nie langweilig, das verspreche ich dir.«

Er klingelte und eine Frau mit einem langen blauen Kleid öffnete die Tür. Ihre Haare hatte sie zu einem Pferdeschwanz nach hinten gebunden und in der Hand hielt sie einen Kochlöffel. Sie sagte zu Kerim etwas auf Türkisch und deutete auf mich, drehte ihren Kopf und rief etwas nach hinten in die Wohnung.

»Meine Brüder kommen gleich«, verkündete Kerim. »Und meine Mutter bringt euch nachher was zu essen, sie kocht sowieso gerade. Sie sagt, nach dem Umzug habt ihr bestimmt Hunger.«

Hunger hatte ich wirklich, und aus der Wohnung von Kerims Familie duftete es herrlich nach gebratenem Fleisch und Gewürzen. Aber erst mal staunte ich, als aus der Tür seine Brüder kamen, immer noch einer und noch einer. Schließlich waren fünf junge Männer versammelt und stapften die Treppe hinunter, um Papa zu helfen.

»Wie viele Geschwister hast du denn noch?«, flüsterte ich.

»Das waren meine Brüder Hassan, Birol, Mesut, Alper und Attila«, zählte Kerim auf. »Dann gibt es noch meine Schwester Rima und meine ganz kleine Schwester Gül, die ist aber noch ein Baby.«

»Und die passen alle in eure Wohnung?«, fragte ich.

Kerim lachte. »Nicht mehr lange. Hassan heiratet nächsten Monat, dann zieht er weg. Seine Frau und er wollen auch bald Kinder haben. Birol ist nächstes Jahr dran. Aber jetzt komm, du musst mir unbedingt dein Zimmer zeigen!«

Kerims Brüder hatten gezaubert. Binnen kürzester Zeit war der Fahrstuhl schon leer und alle Möbel standen an der richtigen Stelle. Noch viermal fuhren sie nach unten und holten die anderen Sachen aus dem Lkw. Kerim und ich steckten den Kopf in alle Zimmer, und als ich in einem davon mein Bett stehen sah, stieß ich einen Freudenschrei aus. Hier gefiel es mir. Das Zimmer war nicht groß, aber es lag ein gemütlicher blauer Teppichboden darin und ein großes Fenster hatte es auch, durch das ich den Himmel sehen konnte. Jetzt an diesem sonnigen Abend färbte er sich gerade orange. Kerim trat ans Fenster und schaute nach unten.

»Mit Blick auf den Springbrunnen«, sagte er und nickte zufrieden. »Genau richtig, so muss es sein. Sieh mal hinunter, Olli! Da unten treffen sich immer alle Kinder.«

Ich trat neben ihn und folgte seinem Blick, und da sah ich ihn endlich – den Brunnenplatz. Fünf Delfine aus Stein lagen, die Köpfe aufwärtsgerichtet, in einem großen, runden Becken und spuckten hohe Wasserfontänen in die Luft. Ringsherum hielten Mädchen ihre Füße ins Wasser und spritzten Jungs nass, die versuchten, Schiffe fahren zu lassen. Ein etwas größeres Mädchen saß am Beckenrand und bürstete ihre langen, braunen Haare. Um den Platz herum standen lauter andere Hochhäuser; manche davon hatten einen Laden unten drin oder ein Restaurant. Plötzlich kam eine ältere Frau mit ihrem kleinen Hund am Springbrunnen vorbei und schimpfte, und sofort rannten alle Kinder weg. Aber als sie in einem Hauseingang verschwand, waren sie gleich wieder da.

»Das war die Meckerliese«, lachte Kerim. »Die lernst du bestimmt bald kennen. Sie hat immer schlechte Laune und würde am liebsten alles verbieten, was Spaß macht.«

»Und wer ist das Mädchen, das sich die ganze Zeit kämmt?«, wollte ich wissen.

»Sie heißt Violetta«, antwortete Kerim. »Sie kommt aus Polen und ist die Schönste vom ganzen Brunnenplatz. Violetta ist schon elf.«

Ich pfiff leise durch die Zähne. Dann tat ich so, als interessiere mich Violetta nicht weiter. »Und wie heißen die Jungs?«

»Erklär ich dir später, wenn wir sie unten treffen«, versprach mein neuer Freund.

»Also gehen wir gleich?«, fragte ich und wollte schon zurück ins Treppenhaus stürmen, aber Kerim hielt mich zurück.

»Morgen«, vertröstete er mich. »Jetzt müssen wir erst mal essen. Meine Mutter ist gerade gekommen.«

Ich hatte gedacht, Kerims Mutter hätte vielleicht ein paar belegte Brote gemacht oder eine Suppe gekocht. Das hatte meine Mama getan, als ihre Freundinnen und Papas Freunde zu uns gekommen waren, um beim Einpacken zu helfen. Kerims Mama aber schleppte so viel an, als wolle sie eine ganze Schulklasse versorgen. Auf unserem Tisch, den die Männer inzwischen schon im Wohnzimmer aufgebaut hatten, standen Schüsseln und Platten mit gefüllten Weinblättern, Blätterteigpasteten, gegrilltem Gemüse, buntem Salat, Fladenbrot, eingelegten Oliven, gebratenen Fleischstücken am Spieß, Joghurt mit Gurke, Pudding und Kuchen.

»Ich wollte noch mehr machen«, sagte sie langsam und vorsichtig, sie sprach nicht ganz so gut Deutsch wie Kerim. »Aber kleine Baby Gül hat immer Milch getrunken. Deshalb ein bisschen wenig geworden.«

»Wenig? Das ist doch viel zu viel!«, rief Mama, schlug die Hände über dem Kopf zusammen und hörte gar nicht mehr auf, sich zu bedanken. Papa besorgte unten im Getränkemarkt schnell einen Kasten Bier für die Erwachsenen und Saft für uns Kinder. Und dann haben wir alle zusammengesessen – die Erwachsenen auf Stühlen und Umzugskisten, wir Kinder lümmelten uns auf dem Sofa.

»Auf gute Nachbarschaft«, sagten die Erwachsenen und haben mit Bier angestoßen. Wir waren bestimmt fünfzehn Leute mit Kerims Familie und unseren Umzugshelfern. Emma saß neben Kerims Schwester Rima auf dem Sofa, die beiden flüsterten und kicherten die ganze Zeit miteinander. Emma aß nur Fladenbrot und einen von den Fleischspießen, aber ich habe fast alles einmal probiert, zumindest das, was auch Kerim mit großem Appetit verspeiste. Die Pasteten haben ein bisschen wie Pizza geschmeckt, aber das Allerbeste war der Pudding zum Nachtisch.

Nach dem Essen sind Kerim, Rima und ihre Eltern nach oben gegangen. Die Brüder haben mit Papa und seinen Freunden noch einen Schrank aufgebaut, dann waren sie fertig. Als alle weg waren, musste ich auf einmal gähnen, obwohl ich noch gar nicht müde war.

»Es war ein langer Tag für uns alle«, sagte Mama und holte unsere Zahnbürsten aus einer Reisetasche. »Also ab ins Bett mit euch. Morgen könnt ihr eure neuen Freunde wiedersehen.«

»Kerim klingelt um zehn«, verkündete ich. Dann nahm ich Emma mit in mein Zimmer und zeigte ihr die Aussicht zum Brunnenplatz hinunter. Ihr Zimmer liegt auf der anderen Seite, von ihrem Fenster aus kann man die Straße sehen. Inzwischen waren die Kinder, die am Nachmittag noch am Delfinbrunnen gespielt hatten, alle nach Hause gegangen und die Wasserfontänen abgestellt.

»Aber morgen sind sie bestimmt wieder da«, versprach ich meiner Schwester.

Als ich im Bett lag und Mama und Papa mir eine gute Nacht gewünscht hatten, konnte ich lange nicht einschlafen. Durch das gekippte Fenster drangen ganz andere Geräusche zu mir ins Zimmer als in unserer alten Wohnung. Ich hörte Spaziergänger einander etwas zurufen, zwei Hunde bellten, irgendwo fuhr ein Motorrad langsam heran. In der Wohnung neben uns schien jemand gerade zu duschen, danach ging die Klospülung.

Im Treppenhaus fuhr der Fahrstuhl an unserer Etage vorbei und hielt im neunten Stock. Und vielleicht, ganz vielleicht, drang leise türkische Musik aus Kerims Wohnung bis zu mir nach unten. Ganz sicher war ich nicht. Und noch während ich darüber nachdachte, muss ich eingeschlafen sein.

Treffpunkt Delfinbrunnen

Als ich am nächsten Morgen wach wurde, musste ich einen Moment lang überlegen, wo ich war, doch dann fiel es mir wieder ein. Ich dachte daran, dass mich Kerim um zehn abholen wollte, und beeilte mich mit dem Anziehen und Frühstücken. Emma schlief noch, und zuerst dachte ich, na gut, ihr Pech, dann gehe ich eben mit meinem neuen Freund alleine raus. Aber als Kerim an unserer Wohnungstür klingelte, kam sie plötzlich fertig angezogen aus ihrem Zimmer gestürmt und war sogar schneller an der Tür als ich. Im Stehen schlang sie eine Schüssel Cornflakes hinunter und streifte sich ihre Sandalen über. Dann riefen wir Mama einen kurzen Gruß zu und wollten gehen.

»Wartet doch mal!«, rief sie. »Ihr könnt doch nicht einfach so verschwinden! Wo geht ihr denn hin, und irgendwann müsst ihr doch auch zum Mittagessen nach Hause kommen!«

Kerim drehte sich um. »Um eins gehen sowieso alle«,

meinte er. »Dann ist bis drei Uhr Mittagsruhe. Sonst kriegen wir es mit der Meckerliese zu tun.«

»Mit der Meckerliese?«, wiederholte Mama erstaunt.

Kerim grinste. »Die werden Sie schon noch kennenlernen«, versprach er genau wie mir am Abend vorher. Dann konnten wir endlich gehen.

Im Treppenhaus wollte ich den Fahrstuhl holen, aber Kerim schüttelte den Kopf.

»So läuft das nicht«, sagte er. »Jedenfalls nicht morgens. Erst holen wir die anderen ab.« Schon stürmte er mir voran die Treppe hinunter und klingelte fast in jeder Etage an mindestens einer Tür, mit einem besonderen Klingelzeichen: zweimal kurz, einmal lang. Eine Wohnungstür nach der anderen wurde geöffnet, und schon bald hallte das ganze Treppenhaus von den Schritten der vielen Kinder, die er auf diese Art abholte. Ich freute mich besonders darüber, dass offenbar niemand außer Kerim über mir wohnte. Wenn Kerim mal nicht da war, konnte ich bei allen klingeln und war dann vielleicht auch der Boss. Aber eigentlich hoffte ich, dass er immer da sein würde.

Als wir unten ankamen und Kerim die Haustür aufzog, drängten mit uns insgesamt sieben Kinder ins Freie. Und dann sah ich ihn endlich aus der Nähe – den Springbrunnen, der mitten in unserem Hof steht. Die steinernen Delfine sprühten wieder ihre Fontänen in die Luft, ringsum glitzerte alles unter den Wassertropfen. Ein paar Spatzen badeten in den kleinen Pfützen, die sich auf der Umrandung gebildet hatten, und zu unseren Füßen wackelte eine Taube beim Gehen mit dem Kopf. Alles kam mir so vor, als würde ich vor einer berühmten Sehenswürdigkeit stehen. Auch Emma riss die Augen auf und rannte gleich los, um ihre Hand in das Becken zu halten. Ein etwas pummeliges, blondes Mädchen, das etwa so groß war wie sie, löste sich aus unserer Gruppe und folgte ihr. Sie schleifte einen Hund an der Leine hinter sich her, einen kleinen, stämmigen mit kurzer Nase und ebenso kurzen, krummen Beinen. Er hatte offenbar nicht viel Lust zu laufen, denn er setzte sich immer wieder hin und schnaufte ein bisschen, wie alte Leute es machen, die nicht mehr so gut zu Fuß sind. Sein Gesicht sah genauso grimmig aus wie das des Mädchens. Aber das kam vielleicht nur dadurch, dass sein Unterkiefer herausragte und das Fell auf seiner Stirn Falten schlug. Er ging auf Emma zu und wedelte mit seinem Stummelschwanz, daran konnte ich gleich sehen, dass er in Wirklichkeit ganz lieb war. Emma beugte sich auch hinunter und streichelte ihn am Kopf. Das blonde Mädchen guckte immer noch böse.

»Im Springbrunnen darf man nicht baden«, sagte es.

»Wollte ich doch gar nicht«, verteidigte sich meine Schwester erschrocken. »Ich wollte nur mal fühlen, wie kalt das Wasser ist.«

Ich ging zu Emma, um sie zu verteidigen, denn sie sah richtig erschrocken aus und ihr Mund zitterte ein bisschen, wie er das immer macht, wenn sie gleich anfängt zu weinen. Ich wollte auf keinen Fall, dass sie gleich an unserem ersten Morgen am Brunnenplatz heult. Das hätte ja auch auf mich abgefärbt. Der große Bruder von der Heulsuse wollte ich nicht sein. Kerim baute sich vor dem dicken Mädchen auf.

»Halt die Klappe, Celina«, sagte er. »Schämst du dich nicht, ein neues Kind hier gleich so anzuzicken? Als du eingezogen bist, hat das mit dir auch keiner gemacht! Man muss gastfreundlich sein!«

Celina hob die Schultern und sah an Kerim vorbei.

»Wenn sie jetzt hier wohnt, ist sie kein Gast«, erwiderte sie. »Außerdem wollte ich nur nicht, dass sie Ärger bekommt. Du brauchst dich gar nicht immer in alles einzumischen, Kerim.« Trotzdem reichte sie jetzt Emma die Hand. Emma schlug ein, und gleich darauf begannen die beiden über irgendwas zu flüstern, ich hörte nur das Wort »Angeber« und dass der Hund *Hammer* heißt und eine ganz seltene Bulldoggenart sei. Ich wendete mich lieber wieder Kerim zu. Der hatte sich inzwischen zu den anderen Kindern umgedreht und pfiff einmal kurz auf den Fingern. Augenblicklich wurde es still.

»Leute, wie ihr seht, haben wir zwei Neue im Haus«, verkündete er und legte seinen Arm um meine Schultern. »Das hier ist mein Kumpel Olli und seine Schwester Emma steht da neben Celina. Ab heute gehören sie dazu. Alles klar?«

»Ist klar«, antworteten die anderen im Chor. Einer nach dem anderen kam auf Emma und mich zu und gab uns die Hand, wobei sie einzeln ihre Namen murmelten. Alle konnte ich mir nicht merken. Aber ein Junge mit glatten, schwarzen Haaren und schmalen braunen Augen hinter runden Brillengläsern fiel mir auf, weil er ganz dick ausgebeulte Hosentaschen hatte. Er hieß Hung. Und Violetta erkannte ich natürlich gleich wieder. Hoffentlich werde ich jetzt nicht rot, dachte ich, als sie »Hallo« zu mir sagte. Kerim hatte nicht übertrieben, Violetta ist wirklich das schönste Mädchen von allen mit ihren langen, glänzenden Haaren, den engen Jeans und den silberfarbenen Sandalen. Wenn sie erwachsen ist, wird sie bestimmt ein Topmodel. Dicht neben ihr stand ein Junge, der noch kleiner war als Emma. Violetta sagte, dass er Benni heißt und dass sie manchmal auf ihn aufpasst. Sie hielt ihn an der Hand, aber plötzlich hat sich Benni losgerissen, ist auf den Springbrunnen zugerannt und balancierte auf dem Rand. Emma und Celina machten es ihm sofort nach. So, wie ich Emma kenne, wollte sie bestimmt die Delfine streicheln. Emma liebt Tiere über alles.

»Da sagst du nicht, dass es verboten ist, Celina!«, rief Benni. An Emmas Augen sah ich, dass ihr das gefiel, aber sie sagte nichts, weil sie sich gerade so gut mit Celina verstand. Die Mädchen spielten, dass sie Seiltänzerinnen wären, bis Celina plötzlich ausrutschte und ins Wasser fiel. Ausgerechnet sie! Ihre Sandalen waren nass, ihre Socken waren nass und sogar der untere Saum ihres Rocks hatte ein bisschen Wasser abbekommen. Benni zeigte mit dem Finger auf sie und wollte gerade laut loslachen, da stürmte auch schon die Meckerliese auf uns zu.

»Das ist ja wohl die Höhe!«, schrie sie und packte Celina am Arm, um sie aus dem Springbrunnen zu zerren. »Das ist hier keine Badeanstalt, verstanden? Heute Abend rufe ich deine Eltern an! Nichts als Dummheiten im Kopf habt ihr!«

»Das war nicht mit Absicht«, sagte Kerim. »Sie ist nur vom Rand abgerutscht.«

Ich stand ganz still und konnte nicht aufhören, die Meckerliese mit offenem Mund anzustarren. Zum ersten Mal sah ich sie aus der Nähe, und wenn nicht Kerim neben mir gestanden hätte, hätte ich wohl Reißaus vor ihr genommen. Die Meckerliese war bestimmt jünger als meine Oma, aber sie hatte unten nur zwei Zähne, ein wabbeliges Gesicht und auf dem linken Nasenflügel einen großen Leberfleck. Man hätte sie fast für eine Hexe halten können in ihrem schwarzen Wollrock und den braunen Lederschuhen mit schief gelaufenen Absätzen. Aber ihre Haare passten nicht dazu. Die lagen in ganz ordentlichen hellbraunen Locken um ihren Kopf, wie frisch vom Friseur. Dunkelroten Lippenstift trug sie auch. Hammer versuchte, seinen kleinen Stummelschwanz einzuziehen, und versteckte sich hinter Celina. Ich dachte, dass sein Name gar nicht zu ihm passt, wenn er so ängstlich ist. Mir wäre es lieber gewesen, Hammer hätte die Meckerliese ein bisschen angeknurrt. Er musste sie ja nicht gleich beißen.

Emma sprang vom Beckenrand und kam auf mich zugerannt, Benni flitzte zu Violetta, die sofort ihre Arme um seinen mageren kleinen Körper schlang und ihm über sein fitzeliges weißblondes Haar strich. Ein paar von den Kindern aus den anderen Hochhäusern, die auch am Springbrunnen gespielt hatten, rannten weg. Ich überlegte, ob wir das auch tun sollten, doch die Meckerliese hatte noch immer Celina in ihrer Gewalt. Die wand sich unter ihrem Griff und versuchte sich loszureißen. Als es ihr gelungen war, zog die Meckerliese ab. Beim Gehen schwankte sie hin und her wie eine Ente und schimpfte so lange weiter vor sich hin, bis sie um eine Häuserecke verschwunden war. Emma eilte zu Hammer und streichelte ihn.

»Bist du verletzt?«, fragte Hung. Er schob Celinas Ärmel hoch und untersuchte ihren Oberarm, an dem ein paar rote Stellen zu sehen waren. Abdrücke von dem harten Griff der Meckerliese.

»Daraus können sich Blutergüsse entwickeln«, meinte er. »Du kannst sie anzeigen, wegen Körperverletzung.«

»Mach ich auch!«, sagte Celina. »Und die Arztkosten kann sie mir auch bezahlen.« Als sie ein paar Minuten später noch einmal nachsah, waren die roten Stellen aber schon wieder weg und auch keine blauen Flecken zu sehen.

»Glaubst du, die Meckerliese ruft wirklich bei Celinas Eltern an?«, fragte ich Kerim später, als wir gerade etwas abseits von den anderen standen und einen Flummi auf und ab hüpfen ließen, den Kerim auf dem Platz gefunden hatte.

»Quatsch«, antwortete er und lachte. »Damit droht sie bloß immer, wenn einer von uns was angestellt hat. Sie weiß nicht mal, wie Celina mit Nachnamen heißt.«

Mir war die Meckerliese trotzdem unheimlich und ich glaube, Emma hatte sogar richtig Angst vor ihr. Schließlich konnte man nie wissen, ob sie sich nicht doch mal irgendwann bei unseren Eltern beschwerte, wenn wir etwas getan hatten, was man eigentlich nicht darf. Oder sogar bei der Polizei. Im Stillen hoffte ich, wir würden ihr nicht allzu oft begegnen.

Wir spielten Fangen in einem fest vereinbarten Feld rund um den Brunnen. An einer Bank mit einem Müllkorb daneben konnte man sich erlösen, und fast jeder war mindestens einmal Fänger gewesen, bis es uns langweilig wurde. Emma und Celina stritten sich sowieso gerade, ob Celina sich erlöst hatte, bevor Emma sie antippte, oder nicht. Schließlich gab Emma nach und kam zu Kerim und mir.

»Wo ist eigentlich Rima?«, fragte sie. Mit ihr hatte sie sich ja so gut verstanden, als wir am ersten Abend mit Kerims Familie gegessen hatten. Mir war noch gar nicht aufgefallen, dass sie fehlte. Aber für Emma wäre es vielleicht schöner gewesen, mit Rima zu spielen als mit Celina.

»Oben«, antwortete Kerim. »Immer kann sie nicht mit rauskommen. Wenn meine Mama zu tun hat, muss sie auf das Baby aufpassen.«

Emmas Augen begannen zu leuchten. Kleine Babys mag sie fast so gern wie Tiere. Wahrscheinlich wäre sie am liebsten zu Rima gerannt und hätte ihr beim Babysitten geholfen. Aber genau in dem Moment wackelte Hammer auf sie zu und kratzte mit der Vorderpfote an ihrem Bein.

»Kommt sie morgen?« Emma beugte sich zu Hammer hinunter und streichelte seine kleinen Ohren.

»Kann schon sein«, meinte Kerim achselzuckend. »Ich kann ja heute Abend mal meine Mutter fragen.«

Wir spielten weiter. Benni wollte unbedingt unseren Flummi haben, aber er warf ihn immer ganz schräg, sodass wir ewig hinterherlaufen mussten, um ihn zurückzubekommen. Die drei Mädchen versuchten Hammer beizubringen, um sie herum im Slalom zu laufen, aber er setzte sich immer wieder hin. Hung hatte ein Stück Schnur aus seiner Hosentasche gezogen und übte Knotentricks.

»Hat jemand von euch was zu naschen mit?«, fragte Celina irgendwann. Violetta holte ein Päckchen Zimtkaugummi aus ihrer kleinen silberfarbenen Umhängetasche und gab ihr einen. Sofort wurde sie auch von allen anderen bestürmt, jeder wollte etwas abhaben. Auch Emma und ich bekamen einen Kaugummi von ihr, und ihren letzten Streifen teilte Violetta mit Benni. Kerim hatte noch ein paar gesalzene Kürbiskerne dabei und verteilte sie ebenfalls.

»Ich hab ein bisschen Geld mit«, sagte Hung und zog zwei Münzen aus seiner Hosentasche. »Aber leider nur vierzig Cent. Wenn jemand von euch auch noch was hat, können wir Süßigkeiten kaufen gehen!«

Außer ihm hatte aber niemand Geld.

»Ich könnte schnell nach oben gehen und meine Mutter fragen«, schlug ich vor. »Sie hat Emma und mir das Taschengeld für diese Woche noch gar nicht gegeben.«

»Das hat sie nicht gemacht, weil sie die ganze Zeit Kisten packen musste«, belehrte mich Emma. »Da hatte sie keine Zeit. Wir kriegen es dieses Mal ein bisschen später.«

»Lass mal«, sagte Kerim und klopfte mir auf die Schulter. »Es würde sowieso viel zu lange dauern, erst mit dem Fahrstuhl hochzufahren, deine Eltern anzubetteln und wieder runterzukommen. Ich weiß was Besseres. Kommt mal alle mit!«

Kerim rannte plötzlich los, und wie immer sausten alle hinter ihm her. Wir flitzten durch eine Toreinfahrt, die auf einen großen Parkplatz führte. Die Autos standen alle auf Betonplatten, die genau im Abstand der Reifen verlegt waren. Zwischen den Platten lagen unzählige Steine, die aussahen wie kleine weiße Eier. Kerim bückte sich und hob einen davon auf. Der Stein war in der Mitte durchgebrochen und ich sah, dass er innen glitzerte wie silberner Staub.

»Die sind bestimmt wertvoll!«, vermutete Emma.

»Auf jeden Fall sind sie schön«, meinte auch Kerim. »Und deshalb suchen wir uns jetzt die besten aus und verkaufen sie. Dann haben wir bestimmt bald genug Geld für Süßigkeiten!«

Wir sammelten jeder so viele Steine, wie in die Hosentaschen oder in unsere Hände passten. Dann zogen wir zurück zum Brunnenplatz. Dort legten wir die Steine auf den Beckenrand, aber da fielen sie zu wenig auf, weil der auch aus hellen Steinen gemauert war. Hung hatte ein sauberes dunkelblaues Halstuch dabei, das er auf dem Boden ausbreitete.

»Wozu trägst du denn das mit dir herum?«, fragte ich ihn. »Es ist doch viel zu heiß für ein Halstuch.«

»Man kann es als Dreieckstuch nehmen, falls sich einer

am Arm verletzt«, antwortete Hung. Mit geübten Bewegungen zeigte er uns, wie man das Tuch richtig knotete, am Körper befestigte und den verletzten Arm hineinschob, um ihn ruhig zu stellen. »Ich will nämlich später mal Arzt werden«, verkündete er.

Aber jetzt brauchten wir sein Tuch als Unterlage für die schönen Glitzersteine, die wir verkaufen wollten. Zusammen suchten wir die besten aus und legten sie darauf. Auf dem blauen Stoff sahen sie fast aus wie in einem Museum oder beim Juwelier. Schon nach wenigen Minuten kam eine Frau mit zwei schweren Einkaufstaschen vorbei, stellte sie ab und betrachtete die Steine eingehend.

»Die sind aber schön«, bemerkte sie. »Was kostet denn einer?«

»Die kleinen zehn, die größeren zwanzig Cent«, sagte Celina schnell.

»Dann möchte ich bitte vier von den großen«, sagte die Frau. »Die kann ich wunderbar für meine Tischdecke auf dem Balkon nehmen, damit der Wind sie mir nicht immer fortweht.«

Kerim und Celina suchten ihr die vier schönsten und größten Steine aus, und die Frau gab uns einen Euro.

»Wir können aber noch nicht wechseln«, sagte Hung. »Sie sind nämlich unsere erste Kundin.«

»Oh, das macht nichts.« Die Frau lächelte uns an. »Die Steine sind bestimmt auch einen ganzen Euro wert.«

Violetta ordnete schon die übrig gebliebenen Steine auf dem Halstuch neu an, sodass man gar nicht mehr sah, dass die besten schon weg waren. Dabei suchte sie einen besonders runden Stein aus und gab ihn der Frau.

»Den gibt es gratis dazu«, sagte sie.

»Dann habe ich ja auch noch einen Briefbeschwerer!« Die Frau schien sich wirklich zu freuen. Aber als sie weg war, sagte Celina, Hung hätte sehr wohl wechseln können. Schließlich hatte er ja zwanzig Cent.

»Stimmt«, gab er zu. »Daran habe ich gar nicht gedacht. Aber durch deine Zugabe sind wir mit ihr quitt.«

»Wir hätten ihr die Taschen nach Hause tragen sollen«, meinte Violetta. »Die sind ja jetzt mit den Steinen noch schwerer.«

»Vielleicht hätte sie uns dann noch mehr Geld gegeben!«, krähte Benni.

»Eigentlich darf ich von Fremden nichts annehmen«, sagte Celina.

»Du hast nichts angenommen, du hast was verkauft«, entgegnete Hung. »Und jetzt hör auf zu maulen, sonst vertreibst du uns die ganze Kundschaft.«

Tatsächlich kam nun eine ganze Weile niemand. Nur einmal näherte sich ein Mann, und als er unsere Steine sah, runzelte er die Stirn und schüttelte den Kopf, ging aber weiter.

»Der meldet das bestimmt dem Ordnungsamt!«, zischte Celina. »Man muss nämlich einen Gewerbeschein haben, wenn man auf dem Brunnenplatz was verkaufen will!«

»Kinder müssen das ja wohl nicht«, erwiderte Kerim und zeigte ihr einen Vogel. »Das weiß ich von meinen Brüdern. Du willst dich nur wieder wichtigmachen, Celina.«

Ich hatte ein bisschen Angst, dass die Meckerliese wieder kommen und uns verjagen würde, aber sie ließ sich nicht blicken.

Dreimal kamen noch Leute zu unserem Stand, zwei davon kauften einen kleinen Stein und einer gar nichts.

»Immerhin haben wir jetzt fast zwei Euro«, meinte Violetta. Hung hatte ihr das Geld zum Verwalten gegeben, weil sie die Älteste war. »Für eine große Tüte Gummibären reicht das auf jeden Fall.«

»Ich will aber lieber Schokolade«, sagte Celina.

»Und ich saure Colaflaschen!«, verlangte Benni. Hung wollte Lakritzschnecken, Emma einen Lolli und Kerim und ich die neuen Milch-Karamell-Riegel aus der Fernsehwerbung.

»Da reichen ein Euro und sechzig niemals«, stellte Hung fest. »Wir müssen uns also was anderes einfallen lassen. Etwas, womit das Geld nur so in die Kasse strömt.«

Es fiel aber niemandem etwas ein. Inzwischen ging es auf Mittag zu und auf dem Platz wurde es ziemlich leer. Celina sagte auf einmal, dass sie heute schon um halb eins zum Mittagessen nach oben müsse, und ging mit Hammer nach Hause. Uns anderen wurde es auch ein bisschen langweilig. Ganz in Gedanken begann Kerim auf einmal, so komische Geräusche mit seinem Mund zu machen. Zuerst schnalzte er nur wieder mit der Zunge, aber plötzlich zischte und knallte es aus seinem Mund, als hätte er ein ganzes Schlagzeug darin versteckt. Alle anderen wurden mucksmäuschenstill. Violetta schob Benni von ihrem Schoß und starrte Kerim an. Der fing nun auch noch an, zu dem Rhythmus zu tanzen, der aus seinem Mund kam. Wir anderen bildeten einen Kreis um ihn und feuerten ihn an.

Plötzlich schoben sich zwei große Jungs zwischen uns. Die waren bestimmt noch älter als Violetta, und die wird im Winter schon zwölf, hat Kerim gesagt.

»Hey, Kleiner!«, riefen die beiden Jugendlichen. »Du kannst voll gut beatboxen! Zeigst du uns, wie das geht?«

Kerim verstummte und hörte auf zu tanzen. Er war ein bisschen außer Puste, aber er strahlte die beiden an und nickte.

»Klar, mach ich!«, antwortete er. »Kostet aber Geld.«

»Logo«, sagte einer der beiden, zog ein Fünfzigcentstück aus der Tasche und reichte es Kerim. Der bedankte sich und gab das Geld weiter an Violetta.

»Für die Bandenkasse«, sagte er.

Dann erklärte er den Jugendlichen, was sie machen müssen.

Nicht nur die beiden hörten ganz genau zu. Auch wir Kinder vergaßen, auf die Uhr zu schauen, so gebannt lauschten wir. Die Jugendlichen probierten es auch einmal aus, und bei einem von ihnen hörte es sich schon fast echt an. Plötzlich jedoch tippte Hung mit dem Finger auf seine Armbanduhr.

»Schon zehn nach eins, Leute!«, rief er und knotete das Tuch mit den Steinen zusammen wie einen Beutel. »Wir müssen rein! Kommt ihr alle am Nachmittag wieder?«

»Klar«, riefen wir, und ich glaube, ich rief am lautesten. Kerim sagte zu den großen Jungs, dass sie jetzt erst mal allein weiterüben müssten, und verabschiedete sich auch. Nach und nach verschwanden alle hinter ihren Wohnungstüren. Kerim, Emma und ich gingen zusammen hoch, bis wir vor unserem Klingelschild standen.

»Also dann«, sagte er. »Um drei Uhr wieder am Delfinbrunnen!«

Da wusste ich endgültig, dass wir am tollsten Platz der ganzen Welt wohnten.

34

Abenteuer im Supermarkt

Am Nachmittag haben wir noch mal Steine gesammelt und verkauft. Ich habe einen besonders schönen gefunden, der sah aus, als wäre er ganz aus Silber, so stark hat er innen geglitzert. Verkaufen wollte ich ihn nicht, aber als gerade niemand von den anderen hingesehen hat, habe ich ihn Violetta geschenkt.

»Oh, für mich?«, hat sie geflüstert. »Vielen Dank, Olli!«

Ich fand es super von ihr, dass sie es nicht gleich herumposaunt hat, wie Celina es wahrscheinlich gemacht hätte. Aber der würde ich auch nie so einen schönen Stein schenken. Violetta hat mich den ganzen restlichen Nachmittag lang immer wieder angelächelt. Ein bisschen hatte ich Angst, dass Kerim das vielleicht sehen könnte, weil ich noch nicht genau wusste, ob er vielleicht in Violetta verliebt ist. Als Boss würde er mich dann bestimmt verprügeln, wenn er merkte, dass ich ihr was geschenkt habe. Aber eigentlich machte Kerim keinen verliebten

Eindruck. Um Violetta kümmerte er sich auch nicht mehr als um alle anderen Kinder vom Brunnenplatz.

Als wir keine Lust mehr zum Verkaufen hatten, haben wir unser Geld gezählt. Es waren drei Euro und zwanzig Cent, zusammen mit dem Geld von den Jugendlichen.

»Na dann auf ins Einkaufszentrum!«, hat Kerim gerufen. »Olli und Emma kennen es ja noch nicht!«

Das Einkaufszentrum in unserer Hochhaussiedlung ist eine überdachte Fußgängerzone mit vielen kleineren Geschäften und einem großen Supermarkt. Zuerst gingen wir an der Post vorbei, einem Reisebüro, einem Drogeriemarkt, einem Schuhgeschäft, einer Bäckerei, einem Zeitungsladen, einer Apotheke und einer Art Kaufhaus. Dann endlich hatten wir den Supermarkt erreicht.

Celina band Hammer an einem Eisenring fest, der neben der Eingangstür an der Wand befestigt war. In den Laden dürfen Hunde ja nicht rein. Emma bekam im Supermarkt gleich große Augen, sie liebt es, einkaufen zu gehen. Ich finde so was normalerweise langweilig und hoffte, wir würden gleich zum Süßigkeitenregal gehen und danach sofort wieder raus.

»Erst mal gehen wir zur Spielzeugabteilung«, verkündete Kerim.

Ich erkannte, dass der Supermarkt hier ebenfalls fast wie ein Kaufhaus war. In der Spielzeugabteilung gab es Kuscheltiere, Puppen, ferngesteuerte Autos und sogar

Fahrräder und Cityroller. Kerim schnappte sich gleich einen davon und düste durch den Gang.

»Wundere dich nicht, wenn du gleich Ärger bekommst«, warnte ihn Celina. Aber Kerim wollte den Roller sowieso gerade wieder wegstellen.

»So einen kaufe ich mir von meinem Geld zum nächsten Zuckerfest«, sagte er.

»Zuckerfest?«, wiederholte ich und zog meine Nase kraus. »Was soll das denn sein? Davon habe ich ja noch nie was gehört.«

»Das ist so was Ähnliches wie euer Weihnachten«, erklärte mir Kerim. »Wir feiern es am Ende unserer Fastenzeit. Die Männer gehen an dem Tag in die Moschee, das ist so was Ähnliches wie eure Kirche. Inzwischen machen die Frauen und Mädchen zu Hause ganz viel zu essen, vor allem süße Sachen. Alle Kinder bekommen von ihren Verwandten Süßigkeiten, Geschenke und vor allem Geld. Und davon kaufe ich mir dann so einen Roller.«

»Ich finde ein Fahrrad besser«, meinte Celina.

»Einen Cityroller kann man aber auch mal zusammenklappen und unterm Arm tragen, wenn man gerade nicht fahren will«, meinte Hung. »Stellt euch vor, wir hätten jeder so einen! Dann wären wir die schnellste Bande der ganzen Brunnenplatzsiedlung.«

Sofort redeten alle laut durcheinander. Jeder wollte zuerst sagen, wann er Geburtstag hat oder ob er sich einen Roller zu Weihnachten wünscht. Nur Emma und ich sagten nichts. Wir sind ja Geschwister, da hätten unsere Eltern gleich zwei kaufen müssen. Ich wusste nicht, ob das vielleicht zu teuer war. Aber auch mir gefiel die Vorstellung, zusammen mit den anderen durch die ganze Gegend zu flitzen.

Besonders begeistert war aber Benni. Er blickte einmal ganz kurz nach links und nach rechts, und als er sicher war, dass keine Verkäuferin in der Nähe war, schnappte er sich den Roller, den Kerim vorher gefahren hatte, und sauste los. Dabei machte er das Motorengeräusch eines Rennautos nach. Benni fuhr nicht nur zwischen den beiden Regalen hin und her, wo wir gerade standen, sondern auch noch eine Reihe weiter. Dort war die Spielzeugabteilung längst zu Ende und es wurde Zubehör für Autos verkauft: Sitzbezüge, Aufkleber, Verbandskasten und so was alles. Violetta rannte sofort hinter ihm her, aber mit dem Roller war Benni natürlich schneller und längst um die Ecke, ehe sie ihn einholen konnte. Ich rannte in die andere Richtung, damit wir Benni von zwei Seiten abfangen konnten, und war froh, dass er nicht in die Geschirrabteilung gefahren war.

Violetta und ich kamen aber beide zu spät. Ein Verkäufer in einem weißen Kittel hielt Benni bereits am Kragen seines T-Shirts fest. Den Roller hatte er ihm abgenommen.

»Gehört der Bengel zu euch?«, fragte der Mann und sah uns an. Er hatte ganz dicke rötliche Augenbrauen, hellgraue Augen und blonde Wimpern und sein Gesicht war ganz glatt und rosa. Daran konnte man erkennen, dass er noch ziemlich jung war. Violetta und ich nickten und der Verkäufer schubste Benni auf uns zu.

»Dann sagt eurem kleinen Bruder, dass das hier kein Spielplatz ist«, sagte er. »Und jetzt verschwindet, bevor euch noch der Filialleiter erwischt.«

Benni fragte, was ein Filialleiter ist, und während ihm Violetta erklärte, dass das der Chef des ganzen Supermarktes sei, bemerkte ich, dass der Verkäufer seine Hand vor den Mund hielt und seine Schultern ein bisschen bebten, als ob er lachte. Vielleicht hat er das auch getan. Wenn er wirklich noch jung ist, hat er vielleicht gerade daran gedacht, dass er so was früher selber gemacht hat.

»Jetzt aber nichts wie weg hier!«, zischte Kerim, als wir endlich wieder bei den anderen waren. Allen voran steuerte er durch die Regalreihen, als sei er im Supermarkt zu Hause, und blieb vor den Zeitschriften stehen. Genau vor den Heften für Kinder. Hier gab es so viele verschiedene Comics und Hefte über Sport, Computerspiele und Naturwissenschaften, dass mir fast die Augen aus dem Gesicht kullerten. Emma und Celina griffen nach einem Heft über Haustiere, Kerim nahm eines über Hip-Hop, Violetta eine Mädchenzeitschrift, Hung eine über das Weltall,

Benni blätterte gleich ganz versunken in einem Micky-Maus-Heft und ich fand ein Comic mit einem Superhelden, der gegen die bösen Mächte kämpfte. Keiner von uns sprach ein Wort, wir schauten uns nur all die bunten Bilder an und lasen. Nicht einmal Celina hatte etwas auszusetzen. Sie und Emma beugten den Kopf tief über einen Artikel über Hundeerziehung.

Plötzlich jedoch spürte ich eine schwere Hand auf meiner Schulter.

»Jetzt ist es aber genug«, hörte ich eine quakige Frauenstimme über meinem Kopf. »Erst tobt ihr hier herum und jetzt auch noch das. Wenn ihr die Hefte lesen wollt, müsst ihr sie kaufen, und wenn ihr kein Geld dabeihabt, verschwindet hier. Wir sind schließlich keine Leihbücherei!«

»Hab ich doch gleich gesagt«, stöhnte Celina und klappte ihr Heft zu. Trotzdem taten wir es ihr alle gleich und rannten aus dem Laden, so schnell wir konnten. Ich glaube, so schnell bin ich noch nie in meinem Leben gerannt, mir hat schon richtig die Lunge wehgetan. Erst am Brunnenplatz wurden wir langsamer.

»Das war knapp«, japste Kerim. »Mit den Leuten da ist nicht zu spaßen. Da gehen wir nicht wieder hin, würde ich sagen.«

»Müssen wir aber«, warf Benni ein. »Wir haben nämlich vergessen, Süßigkeiten zu kaufen.«

»Oh nein«, stöhnten Emma, Violetta und Celina im Chor. »Deswegen sind wir doch extra hingegangen!«

»Süßigkeiten gibt es doch auch noch woanders«, sagte Hung. »Zum Beispiel im Zeitungsladen, bei der Tankstelle oder beim Bäcker.«

»Tankstelle ist viel zu teuer«, meinte Kerim. »Meine Brüder kaufen da nur ein, wenn sie so spät nach Hause kommen, dass alle Geschäfte schon zuhaben.«

»Dann zum Bäcker!«, schlug ich vor, und Benni sagte auch gleich, dass es da ganz leckere Cola-Brausebonbons gibt. Der Weg war nicht weit und wenig später drängten wir uns zu siebt vor einer Glasscheibe, hinter der außer den herrlichsten Kuchensorten auch noch mindestens fünfzehn durchsichtige Dosen mit verschiedenen Süßigkeiten standen. Die Verkäuferin war noch sehr jung und fast so schön wie Violetta, aber wirklich nur fast. Lange standen wir so da und konnten uns nicht entscheiden, was wir nehmen wollten. Zum Glück konnte man alle Süßigkeiten einzeln kaufen. Dafür gibt es so eine kleine Zange, mit der die Verkäuferin sie dann aus dem Behälter nehmen und in eine Papiertüte legen kann. Ich sah leider gleich, dass es die Milch-Karamell-Riegel aus der Fernsehwerbung nicht gab. Wir alle waren uns einig, dass wir Brausebonbons essen wollten, aber Celina und Hung stritten ewig darüber, ob Kerim mehr mit Colageschmack oder mit Himbeer kaufen sollte.

»Saure Pommes!«, rief Benni und stieß Kerim in die Seite. »Nimm saure Pommes, los!«

Kerim nickte und bestellte zehn Stück, danach bekam Hung seine Lakritzschnecken und Emma wollte eine rot-weiß gestreifte Zuckerstange. Dann konnten wir uns nicht einigen, ob wir jeder eine eigene kleine Süßigkeitentüte haben wollten oder eine große für alle zusammen.

»Eine große«, meinte Violetta. »Dann kann jeder mal alles probieren.«

Benni sah ein bisschen ängstlich aus, als ob er befürchtete, dann selber nicht genügend saure Pommes zu bekommen. Hung hatte mehr Glück, denn Emma und ich sagten gleich, dass wir kein Lakritz mögen. Emma hatte Dauerlutscher entdeckt, die es in Rot, Grün und Blau gab. Sie nahm einen blauen und dazu noch einen roten Brauselippenstift. Dann entdeckte sie neben der Kasse eine kleine Schale mit Butterkeksen und fragte die Verkäuferin, ob die für Hunde sind. Sie durfte wirklich einen für Hammer mitnehmen. Celina guckte ein bisschen sauer. Eigentlich hätte sie ja daran denken müssen. Gemeckert hat sie aber wegen etwas anderem.

»Den blauen Lutscher würde ich nicht nehmen«, meinte sie. »Meine Mutter sagt, da sind ganz viele Farbstoffe drin. Davon kann man allergisch werden. Dann kriegst du lauter Pickel im Gesicht.«

Also nahm Emma lieber einen Schokololli und drei Cola-Brausebonbons. Danach war Celina dran und kaufte sich den blauen Dauerlutscher und auch noch einen Schokololli.

»Ich denke, da sind Farbstoffe drin«, erinnerte Hung.

»Ich bin nicht allergisch«, sagte Celina und wickelte ihren Lutscher aus. »Ich habe den schon ganz oft gegessen.« Aber sie hatte wirklich gleich eine ganz blaue Zunge.

»Was nimmst du, Olli?«, wollte Kerim wissen.

»Ich überlege noch«, antwortete ich. »Mach du zuerst.«

Kerim nahm Sahnebonbons und eine grün-weiß gestreifte Zuckerstange. Nun war außer mir nur noch Violetta dran, sie wählte saure Pommes wie Benni und ging gleich danach mit ihm nach draußen. Inzwischen war nämlich Kundschaft in den Laden gekommen, und obwohl die junge Verkäuferin immer noch freundlich zu uns war, konnte man an ihrem Gesicht sehen, dass sie wahrscheinlich dachte, wir müssten uns jetzt langsam mal beeilen. Hinter uns stand ein Mann, der aussah wie ein Star aus einem Actionfilm. Er trug eine coole schwarze Lederjacke und hatte sich die Haare mit Gel nach hinten gekämmt, nur ein paar Strähnen hingen nach vorne auf seine Augenbrauen. Der Mann räusperte sich. Das tun Erwachsene oft, wenn ihnen etwas nicht schnell genug geht.

43

»Geht doch alle schon mal raus«, schlug ich deshalb vor. »Du kannst mir das Geld geben, Kerim, ich komme gleich nach. Ihr seid ja alle schon fertig.«

Kerim blickte mich verwundert an. Aber ich hatte jetzt wirklich etwas Dringendes vor, wobei mich niemand sehen sollte. Ich wusste nämlich, dass Violetta die sauren Pommes nur genommen hatte, damit Benni mehr bekommt. Der ist ja ihr kleiner Schützling. Gummibärchen gab es beim Bäcker zwar nicht, aber ganz an der Seite lagen in einer Dose noch genau zwei erdbeerrote Gummiherzen mit so einer weißen Unterseite aus Schaumzucker. Von den anderen hatte die wohl gar keiner gesehen, eben weil die Dose schon fast leer war. Emma und Celina hätten sie sonst bestimmt gekauft, Farbstoffe hin oder her. Ich wollte sie für Violetta kaufen. Genauer gesagt, ein Herz für sie und eines für mich. Aber dabei durfte ich mich eben nicht erwischen lassen. Sonst hätten die anderen noch gelacht.

»So, junger Mann«, sagte die Verkäuferin, als die anderen draußen waren. Durch das Schaufenster sah ich, wie Celina meiner Schwester den Keks abnahm und ihn Hammer gab. Mit seinem Vorbiss und seiner gerunzelten Stirn sah er beim Fressen aus wie eine grantige alte Tante, und die anderen krümmten sich vor Lachen. Auch die Verkäuferin lächelte, klopfte aber mit ihrem Zeigefinger auf die Theke. »Was darf es denn sein?«

Ich überlegte und überlegte, mein Herz klopfte richtig doll dabei, weil ich wegen der Herzen aufgeregt war und weil ich mich beeilen musste. Manchmal erstarre ich dann richtig und kann nicht mal mehr denken. Beeilen kann ich mich dann erst recht nicht. Die Herzen hätte ich auf jeden Fall in eine Extratüte packen lassen müssen, und das wäre aufgefallen. Also kaufte ich schnell drei von den Sahnebonbons und noch vier Gummiteufel. Davon konnte sich Violetta welche nehmen, ohne dass jemand einen Grund hatte zu lästern.

»Na eeeeendlich«, stöhnte Celina, als ich mit der Tüte nach draußen trat. Ich hielt sie gleich weit geöffnet den anderen hin, damit mich niemand fragte, warum ich so lange gebraucht habe. Wir gingen gleich zurück zum Brunnenplatz, weil wir beim Süßigkeitenessen besprechen wollten, was wir am nächsten Tag machen wollen. Ich freute mich jetzt schon darauf.

Einmal habe ich mich übrigens noch umgedreht, ins Schaufenster der Bäckerei gesehen und überlegt, ob ich wegen der Herzen noch mal heimlich zurückkomme, wenn ich mein Taschengeld habe. Aber das konnte ich nun vergessen. Denn im Laden standen der Filmstar und die Verkäuferin jetzt ganz dicht beieinander. Sie hatte die Dose mit den Gummiherzen nach vorne geholt und nahm beide heraus. Eines steckte sie dem Filmstar in den Mund und kicherte, dann machte der dasselbe mit dem anderen Herzen bei ihr. Danach küssten sie sich. Da war ich froh, dass ich die Gummiherzen nicht gekauft hatte. So peinlich wie die Erwachsenen wollte ich nicht sein.

Die besten Spiegeleier der Welt

An den nächsten Tagen wurde es immer heißer.
»Morgen kriegen wir vierunddreißig Grad im Schatten«, verkündete mein Vater abends nach den Fernsehnachrichten. Am Tag darauf fühlte sich der Brunnenplatz wirklich an wie ein Backofen. Einmal habe ich versucht, ganz kurz barfuß zu laufen, aber das habe ich schnell wieder sein lassen, sonst hätte ich mir noch die Fußsohlen verbrannt.
»Man kann bestimmt Spiegeleier auf dem Pflaster braten«, sagte Hung. »Die Hitze staut sich hier richtig, weil die Häuser so dicht aneinandergebaut sind, dass fast gar kein Wind durchkommt. Außerdem wachsen hier kaum Bäume, und ohne Bäume kein Schatten.«
Das mit den Bäumen war mir noch gar nicht aufgefallen, aber er hatte recht. Um den Delfinbrunnen herum stand an jeder Seite nur jeweils eine Sitzbank mit einer Linde daneben. Die Bäume waren noch so jung, dass sie an drei Eisenstäben festgebunden waren. Manchmal sa-

ßen alte Damen dort und unterhielten sich. Jetzt war niemand da. Aber auch wir setzten uns nicht hin, weil wir sowieso nicht alle auf eine Bank passten. Und wir wollten schließlich nicht immer über den ganzen Platz brüllen, wenn einer den anderen etwas sagen wollte.

»Wollen wir das machen?«, fragte ich. »Spiegeleier auf den Steinen braten? Dann essen wir heute draußen Mittag!«

»Von eins bis drei ist aber Mittagsruhe.« Celina hatte schon wieder etwas auszusetzen.

»Du musst ja nicht mitmachen«, erwiderte Hung. Alle anderen wollten aber unbedingt, also zuckte Celina nur mit den Schultern und blieb.

»Dann geht jetzt jeder nach oben und holt ein Ei und ein bisschen Brot«, bestimmte ich. »In zehn Minuten sind wir alle wieder hier.« Ich war stolz auf meine gute Idee. Fast kam es mir ein bisschen so vor, als wäre ich jetzt mal der Boss.

Als wir zurück zum Brunnenplatz kamen, stand die Sonne so hoch über unseren Köpfen, dass nur ganz kurze Schatten an unseren Füßen klebten. Kerim schleppte einen großen Einkaufskorb an. Er hatte von seiner Mutter einen ganzen Karton mit sechs Eiern und ein rundes Fladenbrot bekommen, dazu sogar noch türkischen Kuchen zum Nachtisch für uns alle und eine Flasche Zitronenlimo. Und er hatte noch eine Überraschung mitgebracht.

»Rima!«, jubelte Emma und rannte auf Kerims kleine Schwester zu.

»Da staunst du, was?«, grinste Kerim. »Aber wir haben Glück. Gül macht gerade ihren Mittagsschlaf, und danach besucht meine Mutter mit ihr meine Tante, die auch ein Baby hat.«

Emma freute sich so sehr. Sie erzählte Rima alles, was wir in den letzten Tagen gemacht hatten, aber vor allem fragte sie sie über das Baby aus. Rima versprach ihr, dass sie bald einmal mit zu ihr kommen dürfe, um Gül zu sehen.

»Können wir mal anfangen?«, fragte Celina ungeduldig. Wir holten unsere Zutaten hervor und legten sie in unsere Mitte. Alle hatten ein Ei und ein paar Scheiben Toastbrot ergattert und Violetta hatte sogar zwei Eier geholt, weil Bennis Mutter noch bei der Arbeit war.

»Hat irgendwer von euren Eltern Fragen gestellt?«, wollte Hung wissen. Ich schüttelte den Kopf und sagte, Emma und ich hätten bloß gesagt, wir würden draußen ein Picknick machen. Da hat uns unsere Mutter an den Kühlschrank gelassen und weiter an ihrem Brief an einen Internetanbieter geschrieben, damit wir endlich einen Anschluss bekommen. Bei Violettas Mutter war es so ähnlich gewesen und Kerim hatte auch keine Probleme, weil die ganze Familie sowieso erst abends richtig zusammen isst. Celina sagte, ihre Eltern spielen gerade ein Computerspiel und hätten kaum gemerkt, dass sie nach Hause gekommen ist.

»Wo hast du denn Hammer gelassen?«, fragte Emma, und erst jetzt bemerkten wir alle, dass Celina den Hund nicht mehr dabeihatte. Celina sagte, Hammer habe sich in der Küche gleich auf seinen Wassernapf gestürzt und sich dann unter dem Esstisch zusammengerollt und sei eingeschlafen. Da hat sie es nicht übers Herz gebracht, ihn gleich wieder zu wecken und raus in die Hitze zu nehmen.

»Das ist sehr tierlieb von dir«, sagte Emma. Celina strahlte und sagte, sie habe noch extra einen Salzstreuer mitgebracht und Emma dürfe ihn zuerst benutzen.

»Sogar mit Salz!«, staunte Benni und machte so große Augen, dass ich fast Angst hatte, sie würden ihm gleich aus dem Kopf kugeln. »Das ist ja wie ein richtiges Essen!«

Wir alle konnten es kaum erwarten, endlich unsere Spiegeleier zu braten. Celina sagte, wir müssten uns einen Platz suchen, wo uns die Meckerliese nicht erwischen kann, aber trotzdem genug Sonne hinkommt, damit unsere Eier auch richtig schön brutzeln.

»Auf Autos geht es sogar noch besser«, meinte Hung. »Weil das Blech sich noch mehr aufheizt als die Steine. Aber das kann richtig Ärger geben, wenn uns der Besitzer erwischt.«

Eine ganze Weile lang liefen wir hin und her und suchten nach einer geeigneten Stelle, aber auf dem Brunnenplatz wäre es zu auffällig gewesen. Man kann ja von fast allen Fenstern der Hochhäuser aus sehen, was unten gerade passiert.

»Na und?«, sagte Kerim. »Wenn die Meckerliese kommt, rennen wir eben weg.«

Wir fanden dann aber doch eine gute Stelle neben einer Toreinfahrt, die man vielleicht nicht von überall beobachten konnte. Sie lag genau hinter einem Stromkasten, da hatten wir wenigstens ein bisschen Deckung. Kerim öffnete seinen Eierkarton und sagte, wir sollten uns im Kreis auf den Boden setzen. Hung holte eine Lupe aus seiner Hosentasche und verkündete, er werde gleich ein Experiment vorführen.

»Wir müssen aber erst sauber machen«, sagte Celina. »Ich will schließlich keinen Staub essen.«

»Und wie, wenn ich fragen darf?«, erwiderte Kerim. »Du wirst jetzt hoffentlich nicht nach Hause rennen und Eimer und Schrubber holen. Das geht doch auch so!«

Aber dann zog er doch sein T-Shirt aus, fegte den Boden damit und goss eine Flasche Leitungswasser aus, die fast sofort verdunstete. Erst jetzt sah ich, wie braun gebrannt er war, viel mehr als wir anderen. Ich fragte ihn, woher das kam.

»Von der Türkei«, antwortete er. »Da waren wir in der ersten Ferienhälfte. In der Türkei ist es noch heißer als hier, und wir haben jeden Tag im Meer gebadet.«

»Noch heißer.« Celina zeigte ihm einen Vogel. »Du willst nur wieder angeben.«

»Wetten?« Kerim schrie beinahe. »In Antalya sind es jetzt vierzig Grad, Mann! Da hältst du es nur im Wasser aus.«

»Ich bin kein Mann«, widersprach Celina.

»Ist es schön in der Türkei?«, wollte ich wissen. Ich sah Kerim vor mir, wie er mit anderen türkischen Jungs in die Wellen sprang und sie sich in ihrer Sprache etwas zuriefen. Vielleicht war er da sogar lieber als hier bei uns.

»Noch schöner als hier«, antwortete er tatsächlich. »Im Sommer ist jeden Tag schönes Wetter und das Wasser sieht noch blauer aus als der Himmel. An den meisten Stellen ist es so klar, dass man bis auf den Grund gucken kann. Und abends spielen wir Jungs vor den Häusern Fußball, bis die Sonne untergegangen ist.«

»Toll«, staunte ich.

»Vielleicht kannst du mal mitkommen«, meinte Kerim. Er zog sein T-Shirt gar nicht erst wieder an. »Nächstes Jahr fahren wir wieder hin. Jeden Sommer.«

»Macht jetzt endlich«, redete Emma dazwischen. »Ich hab Kohldampf.«

Also öffnete Kerim seinen Eierkarton.

»Nicht nur deine«, meckerte Celina gleich wieder. »Ich will jedenfalls mein eigenes Ei essen.«

Das wollten wir eigentlich alle, aber Hung sagte, wir

könnten sowieso immer höchstens zwei Eier auf einmal braten. Sonst würde es zu sehr auffallen. Violetta war die Erste, die ihr Ei aufschlagen durfte, zusammen mit dem für Benni. Und es klappte tatsächlich! Das glibberige, durchsichtige Eiweiß wurde fast sofort weiß und klebte am Boden. Hung zog sein Taschenmesser hervor und versuchte es zu lösen, wie Mama es auch in der Pfanne immer macht. Mit dem Eigelb dauerte es länger. Celina hielt stolz ihren Salzstreuer hoch und streute etwas Salz auf die beiden Eier. Dass sie das eigentlich Emma versprochen hatte, schien sie schon vergessen zu haben. Die schaute auch ganz empört, aber da war es sowieso schon zu spät. Zum Glück ist meine Schwester keine Zicke, die wegen so was gleich heult oder einen in den Arm kneift.

Kerim riss sein Fladenbrot in lauter kleine Stücke und gab jedem von uns eines, und das war gut so. Ich hatte auf einmal Hunger wie ein Wolf, der drei Tage nichts gefressen hat, und wünschte mir, dass mein Spiegelei als Nächstes dran war.

»Wir können doch alle unser Brot mal eintunken«, schlug plötzlich Violetta vor. »Dann müssen nicht manche warten, während die anderen schon essen.«

Die Eier waren an der Oberfläche noch ein bisschen glitschig, deshalb konnte man gut etwas davon mit dem Brot aufnehmen. Wir passten auf, dass wir uns den ersten

Bissen alle gleichzeitig in den Mund schoben. Dann kauten wir. Ich fand, es schmeckte köstlich.

»Das ist das beste Spiegelei, das ich je gegessen habe«, meinte auch Benni und tunkte sein Brot gleich noch einmal ein. Aber es war ja auch eigentlich sein Ei.

»Ein bisschen knirscht es zwischen den Zähnen«, sagte Celina. »Da ist doch noch Sand drunter.«

»Du wirst schon nicht gleich dran sterben«, erwiderte ich. »Mein Papa sagt immer, Sand reinigt den Magen.«

Als wir die beiden Eier aufgegessen hatten, war an der Stelle ein Fleck am Boden. Emma wollte schon aufstehen und wegrennen, weil sie Angst hatte, die Meckerliese könnte kommen. Aber Hung hielt sie zurück.

»Wenn es das nächste Mal regnet, verschwindet der Fleck von ganz alleine«, meinte er. »Außerdem ist das ja hier kein Schlosshof. Ich muss mein Experiment noch machen, außerdem haben wir noch so viele Eier übrig!«

Sein Versuch bestand darin, dass er mit seiner Lupe die Sonnenstrahlen einfing und sie genau auf das nächste Spiegelei richtete. Zuerst passierte nicht viel. Dann aber stieg eine dünne kleine Rauchsäule auf, und gleich darauf schmurgelte das Eigelb und wurde ein bisschen schwarz.

»Iiiiih!«, schrie Celina. »Spinnst du, das war mein Ei!«

»Aber jetzt ist es richtig gar«, bemerkte Hung. »Und wir wissen jetzt, dass wir notfalls sogar ein Lagerfeuer machen könnten, falls uns die Umstände einmal dazu zwingen sollten.«

»Fühl dich bloß nicht so wichtig.« Celina war immer noch sauer. »Was sollen das schon für Umstände sein?«

»Zum Beispiel, wenn wir aus irgendeinem Grund nicht ins Haus können, etwa weil wir keinen Schlüssel haben oder ausgerissen sind. Dann müssen wir uns ja irgendwie Essen kochen können und für Wärme sorgen.«

Da war Celina still. Ich hatte plötzlich sogar richtig Lust, zusammen mit den anderen Kindern auszureißen und uns allein durchzuschlagen. Besonders mit Kerim und Hung wäre das bestimmt ein spannendes Abenteuer.

Das verschmurgelte Ei schmeckte fast noch besser als die anderen, aber danach hatten wir keine Lust mehr, Spiegeleier zu machen. Kerim bat Rima, den türkischen Kuchen von seiner Mutter in acht genau gleiche Teile zu teilen.

»Wieso machst du das nicht selber?«, fragte Celina. »Rima ist doch nicht deine Dienstmagd.«

»Bei uns machen so was immer die Frauen«, antwortete Kerim. »Ein Mann würde sich komisch vorkommen, wenn er kocht oder am Tisch bedient.«

»Außer in der Dönerbude«, warf Benni ein und nahm sich gleich ein Stück. »Da kochen die Männer.«

Der türkische Kuchen schmeckte so süß, dass es mir

richtig in einem Backenzahn zog. Mir fiel wieder ein, dass schon der Zahnarzt in unserer alten Gegend gesagt hatte, da müssten wir demnächst mal ran. Aber dann sind wir ja zum Brunnenplatz gezogen. Vielleicht würde der Schmerz noch mal eine Pause einlegen, wenn ich mir zu Hause ganz gründlich die Zähne putzte. Jetzt spülte ich erst einmal mit der Zitronenlimo nach, die Kerim herumreichte. Violetta hatte ein sauberes Taschentuch dabei, mit dem wir die Flaschenöffnung immer abwischen konnten. Celina tat das besonders gründlich. Natürlich sagte sie gleich wieder, sie will sich schließlich keine Krankheiten holen, dabei war gar keiner von uns krank.

Als wir alles aufgegessen hatten und die Limoflasche leer war, räumten wir auf und warfen unseren Müll in den Abfallkorb neben einer der Bänke am Delfinbrunnen.

»Komisch, dass keiner gemeckert hat«, überlegte Emma laut.

»Wir waren ja leise«, antwortete Violetta. »Da hat vielleicht niemand was gemerkt.« Sie strich Benni über den Kopf, weil er sich auch viel besser benommen hatte als im Supermarkt.

»Oder die Meckerliese ist krank«, sagte Celina und legte sich einfach auf die Bank. »Ich sonne mich jetzt.«

Wir waren alle ein bisschen müde geworden. Wer auf der Bank keinen Platz mehr gefunden hat, legte sich auf die Randsteine des Delfinbrunnens. Ich zog auch mein T-Shirt aus, um ein bisschen braun zu werden. Benni legte sich nicht hin, sondern schnallte seine Sandalen ab und ließ die Füße ins Becken hängen, während Violetta im Wasser ihr Spiegelbild überprüfte und sich die Haare kämmte wie eine Meerjungfrau. Kerim holte einen kleinen Holzkasten aus dem Korb, in dem auch die Limo und der Kuchen gelegen hatten. Er klappte ihn auf, und darin war ein Spielfeld aus lauter spitzen Dreiecken zu sehen. Die Spielsteine dazu sahen aus wie die von unserem Mühlespiel zu Hause. Kerim sagte, das Spiel heißt Backgammon und in der Türkei würden es die Männer oft in der Mittagspause spielen.

»Wenn du willst, bringe ich es dir bei«, bot er mir an. Natürlich sagte ich Ja und wir setzten uns unter einen der jungen Bäume, wo wenigstens ein bisschen Schatten war. Das Spiel hatte ich schnell begriffen und freute mich, als Kerim mir auf die Schulter schlug und sagte, ich sei gut. Danach spielte jeder von uns noch eine Runde gegen Hung, der beide Male gewann. Ich fand das nicht weiter schlimm, weil Hung ja schon viel länger Backgammon spielen konnte als ich. Aber an Kerims Gesicht konnte ich sehen, dass er sich ein bisschen ärgerte.

Emma lag auf dem Bauch und ließ ihre Hand immer wieder durchs Wasser gleiten. Ich wusste genau, dass sie sich vorstellte, darin wären echte Fische und sie würde mit ihnen spielen. Aber nach einer Weile wischte sie sich einfach nur mit der Hand über das Gesicht.

»Schön kühl«, sagte sie. »Am liebsten würde ich jetzt baden. Du auch, Rima?«

Ein geheimnisvoller Brief

Uns allen war heiß. Lange hielten wir es nicht aus, uns zu sonnen. Nach Emma und Rima sprang Benni von seiner Bank, und Violetta konnte gar nicht so schnell schauen, wie er sein T-Shirt ausgezogen hatte und in den Springbrunnen gestiegen war. Mit beiden Händen schaufelte er Wasser aus dem Becken und spritzte die Mädchen nass. Bei Rima fiel das besonders auf, weil die ein Sommerkleid mit einem ziemlich langen Rock anhatte. Emma und sie kreischten hell und spitz und jagten Benni durch den ganzen Brunnen, um ihm ebenfalls eine Ladung zu verpassen. Im Nu war er nass von oben bis unten; seine Haare trieften und seine kurze Hose klebte ihm an den Beinen. Er schüttelte sich wie ein nasser Hund.

»Emma!«, rief Celina, die sich nur aufgesetzt hatte. »Ich habe dir doch gesagt, man darf nicht...«

Aber sie konnte ihren Satz nicht zu Ende bringen, denn Kerim, der noch immer mit freiem Oberkörper gedöst hatte, war mit einem Satz und einem wilden Schrei im

Wasser. Auch ich zog mich bis auf meine Boxershorts aus und sprang hinterher. Kerim nahm Celina in den Schwitzkasten und zwang sie in die Knie.

»Na warte«, sagte ich. »Gleich wirst du mindestens so nass sein wie wir alle!« Ich schaufelte mit den Händen Wasser über ihren Kopf und ihren ganzen Körper. Celina hatte noch alles an, ein hellblaues Trägershirt, einen Rock und Ballerinas. Prustend und schnaufend stand sie wieder auf, aber das kalte Wasser hatte sie erfrischt. Sie meckerte nicht mehr, sondern grinste über das ganze Gesicht.

»Danke«, sagte sie. »Das habe ich ja extra so gewollt.«

»Ich glaub dir kein Wort«, sagte ich.

»Dein Pech«, erwiderte sie. Kerim und ich kämpften noch eine Weile ohne die Mädchen weiter, dann legten wir uns auf den Rücken und ließen die Wasserfontänen wie Regen auf uns herunterprasseln. Aus dem Augenwinkel sah ich schließlich, dass sogar Violetta ihre silbernen Sandalen ausgezogen hatte.

»Komm auch rein, Vio!«, rief Benni und winkte sie zu sich heran, aber sie schüttelte den Kopf. Ganz ins Wasser gegangen ist sie nicht – bestimmt weil sie die Älteste und Vernünftigste von uns allen ist. Aber sie hat ihre Füße reingehalten und sich die Arme, das Gesicht und den Nacken abgekühlt.

Hung, der als Einziger von uns richtige Halbschuhe und

sogar Strümpfe ausziehen musste, kam als Letzter rein. Er hatte die Abkühlung aber auch dringend nötig. Aus den Haaren an seinen Schläfen rann ihm nur so der Schweiß hinunter.

»Attacke!«, rief er und rannte im Wasser los, sodass es von seinen Füßen aufspritzte wie am Bug eines Motorboots. Im Nu kam es zu einer Wasserschlacht; nur Violetta hockte sich schnell wieder auf den Beckenrand, schwang die Beine nach außen und sah nur zu. Aber Kerim, Hung, Emma, Rima, Celina, Benni und ich tobten im Wasser, bis die Mädchen keine Lust mehr hatten. Sie setzten sich lieber auf die steinernen Delfine in der Mitte des Beckens und taten so, als ob sie sich von ihnen durch den Ozean tragen ließen. Celina presste ihren Finger auf den Schnabel ihres Delfins, dadurch spritzte das Wasser in alle Richtungen. Manchmal hat sie richtig gute Einfälle. Wir Jungs wollten das auch ausprobieren, aber Celina sagte, es sei schließlich ihre Idee gewesen, und ließ niemanden auf ihren Delfin.

»Deine Idee vielleicht«, sagte ich. »Aber dein Delfin ist es deswegen noch lange nicht. Die sind ja wohl für alle da.«

Trotzdem blieb sie noch ewig darauf sitzen, und so mussten wir anderen uns auf den einzigen beiden noch freien Delfinen abwechseln, denn Emma und Rima wollten von ihrem auch nicht runter. Bei Emma war das aber eher, weil sie ihren so süß fand und wahrscheinlich schon halb für lebendig hielt.

Neben mir fing Benni auf einmal an zu zittern. Er bibberte so stark, dass man richtig hören konnte, wie seine Zähne aufeinanderschlugen. Auch ich merkte, dass mir ein bisschen kalt wurde. Emma und Hung hatten sogar schon richtig blaue Lippen. Benni sah zu Violetta hin und erwartete wahrscheinlich, dass sie ein großes Handtuch für ihn bereithielt, um ihn darin einzuwickeln. Aber Handtücher hatten wir ja nicht mit. Und auch keine trockenen Sachen zum Anziehen.

Gerade überlegte ich, wie wir uns am besten wieder trocknen und aufwärmen konnten, da fiel auf einmal ein Schatten über meine Augen. Ich blickte auf und sah mitten in das Gesicht der Meckerliese.

»Also da hört sich doch wohl alles auf!«, schrie sie und wollte mich am Arm packen wie neulich Celina, ich habe mich aber schnell genug geduckt. Die Meckerliese war für das heiße Wetter viel zu warm angezogen, mit ihrer dunkellila Strickjacke und demselben Wollrock, den sie neulich schon anhatte. »Wie oft soll ich euch noch sagen, dass das hier keine Badeanstalt ist? Haben euch eure Eltern denn gar nicht erzogen? An diesem Springbrunnen wollen sich Spaziergänger ausruhen und sich an dem schönen Anblick erfreuen! Ihr Gören habt da nichts zu suchen!«

Benni sprang aus dem Wasser, flitzte wieder zu Violetta und klammerte sich an sie. Sein triefender Kopf hinterließ schnell einen nassen Fleck auf ihrem Top.

»Was sind Gören?«, fragte er sie leise und blickte an ihr hoch. Violetta wollte ihm gerade eine Antwort zuflüstern, da kam uns eine Frau mit einem Kinderwagen zu Hilfe.

»Nun drücken Sie doch mal ein Auge zu«, sagte sie zur Meckerliese. »Es sind doch Kinder, die haben ja nichts Schlimmes gemacht. Bei dieser Hitze ist es doch verständlich, dass sie eine Erfrischung gesucht haben.«

»Und dann auch noch in der Mittagsruhe«, zeterte die Meckerliese weiter, als wäre die junge Frau unsichtbar und hätte auch nichts gesagt. »Da wollen die Anwohner keinen Lärm hören.«

»Kinderlachen ist kein Lärm«, widersprach die junge Frau, und der kleine Junge in dem Buggy fing an zu krähen und streckte seine Hände nach dem Springbrunnen aus. »Außerdem machen sie das doch nicht jeden Tag. Nicht wahr, Kinder?«

»Nur jetzt, wo es so heiß ist!«, rief Benni.

»Und eigentlich war es auch aus Versehen!«, versuchte Emma zu erklären. Rima hatte sich schon über den Kinderwagen gebeugt und machte Fingerspiele mit dem Winzling darin.

»Wir wollten sowieso gerade aufhören«, meinte Kerim und rubbelte sich mit seinem T-Shirt die Haare trocken.

»Entschuldigung«, sagte Violetta. »Der kleine Benni war als Erster im Wasser, er kannte die Vorschriften nicht so genau. Ich habe nicht gut genug auf ihn aufgepasst. Die anderen sind dann einfach hinterhergesprungen.« Sie reichte der Meckerliese sogar die Hand. Das fand ich wirklich mutig von ihr, denn die Meckerliese hat ganz komische Fingernägel, viel zu lang, aber nicht schön gefeilt und lackiert, wie Mama es manchmal macht, sondern irgendwie krumm gewachsen und gelblich. Sie bekam Violettas Entschuldigung gar nicht mit, sondern schnaubte nur und sagte irgendwas von Hausverwaltung und Beschwerde.

»Das nächste Mal geht aber wirklich lieber ins Schwimmbad«, riet uns die Frau mit dem Buggy, als die Meckerliese weg war. »Das Wasser hier im Delfinbrunnen ist nämlich nicht gerade das sauberste.«

»Ich hab nicht reingepinkelt!«, beteuerte Benni und bekam einen ganz roten Kopf.

»Das glaube ich dir. Aber manche dummen Leute werfen ihren Müll rein. Zigarettenkippen, benutzte Taschentücher und so.«

»Iiiih«, machte Celina.

»Auf meinem Delfin war Vogelkacke!«, rief Emma. »Ich habe sie aber abgewaschen.«

»Dann wasch dir zu Hause gleich ganz gründlich die Hände«, sagte die Frau. Sie winkte uns noch einmal zu und ging.

»Die Meckerliese kann einem auch jeden Spaß verderben«, sagte Hung, als wir beiden Frauen hinterherblickten. »Gehen wir also nach oben und ziehen uns um.«

»Und was machen wir dann?«, fragte Celina und zeigte mit dem Finger nach oben zum Himmel. »Das sieht sehr nach Gewitter aus.«

Tatsächlich. Hinter den Hochhäusern krochen dunkelgraue Wolken hervor und schienen sich genau über dem Brunnenplatz versammeln zu wollen. Aber das Steinpflaster unter unseren Füßen war immer noch sehr warm. Die Luft fühlte sich schwer und feucht an.

Emma zuckte zusammen. Vor Gewitter hat sie Angst. Auch Rimas dunkelbraune Augen weiteten sich. Hung legte beruhigend eine Hand auf ihre nassen Schultern.

»Ihr braucht euch nicht zu fürchten«, sagte er. »Die Häuser hier haben alle einen Blitzableiter. Das ist sogar Vorschrift.«

»Ich hab einen Tropfen abgekriegt«, beklagte sich Celina.

»Das macht nach dem Bad im Springbrunnen nun auch nichts mehr«, sagte Kerim und lachte. Aber im nächsten Augenblick hörten wir ein tiefes Grollen über den Häusern und rannten, so schnell wir konnten, zu unserem Hauseingang. Wir verabredeten, dass wir uns gleich nach dem Umziehen im zwölften Stock wieder treffen würden.

»Von ganz oben sieht das Gewitter am tollsten aus«,

meinte Kerim. Dann rannten wir alle in unsere Wohnungen, denn im Treppenhaus war es viel kühler als draußen und wir zitterten nun alle richtig. Ich freute mich auf meine trockenen Sachen.

Emma und ich haben es gerade rechtzeitig in den zwölften Stock geschafft, bevor das Gewitter losbrach. Im Treppenhaus war es jetzt so dunkel, dass Emma das Licht einschalten wollte, aber Kerim hielt sie zurück und sagte, das würde die gute Aussicht verderben. Das Grollen, das wir schon draußen auf dem Platz vernommen hatten, kam näher und schwoll an. Rima und Emma krallten ihre Hände ineinander, stellten sich aber am Fenster auf Zehenspitzen, um gut sehen zu können. Inzwischen waren auch Hung, Celina, Violetta und Benni angekommen. Gleich darauf krachte der Donner so laut, dass wir alle gleichzeitig zusammenzuckten.

»Mamiii!«, jaulte Emma auf. Aber sie duckte sich nicht, sondern blieb tapfer am Fenster stehen. Ich hatte ein Gewitter noch nie so gesehen. An einer Stelle konnten wir sogar zwischen zwei Hochhäuser schauen und sahen dem Gewitter zu, wie es sich über der ganzen Stadt entlud. Der Regen prasselte auf die Erde, im Nu bildeten sich riesige Pfützen auf dem Brunnenplatz und Rinnsale, die alle zu einem breiten Gully führten. Außerdem war ein Sturm aufgekommen, der unter die Markisen der Balkone fuhr und an den Sonnenschirmen zerrte.

Auf einmal krallte sich Hung in meinen Arm.

»Der Fahrstuhl kommt hoch!«, flüsterte er. »Bestimmt bekommen wir wieder Ärger.«

Ich blickte zum Schacht, und da sah ich den Fahrstuhl auch schon nach oben gleiten. Wir alle sahen uns nach einem Fluchtweg um, aber natürlich gab es keinen. Der Fahrstuhl hielt und ein Mann stieg aus, ich atmete erleichtert auf, als ich sah, dass es nur der Briefträger war. Der hat ja nicht über uns zu bestimmen. Sein Hemd war vollkommen durchnässt und mit einem Stofftaschentuch wischte er sich das Gesicht trocken. Dann entdeckte er uns.

»Oh, gut, dass ich euch treffe«, sagte er. Erst jetzt bemerkte ich, dass er einen Brief in der Hand hielt, der ebenfalls schon nass geregnet war. »Jetzt habe ich alle Häuser am ganzen Brunnenplatz abgesucht, aber ich finde einfach nicht heraus, für wen dieser Brief sein soll. Könnt ihr den Namen entziffern?«

»Zeigen Sie mal her.« Hung war schon zur Stelle und beugte sich über den Umschlag. »Das kann man ja wirklich kaum noch lesen, so verwischt ist die Tinte vom Regen.« Er rückte seine Brille zurecht. Ich war auch neugierig und schob mich zwischen den Briefträger und ihn.

»Der ist für mich!«, rief ich. »Olli Vogel, ich kann es genau erkennen. Komisch, dass kein Absender drauf ist!«

»Dachte ich auch«, stimmte der Briefträger mir zu.

»Sonst hätte ich ihn glatt zurückgeschickt, nachdem ich so lange gesucht habe. Gut, dass ich euch getroffen habe.«

»Das finden wir auch«, bekräftigte Kerim. »Vielen Dank!«

Der Briefträger tippte sich gegen seine Briefträgermütze und stieg wieder in den Fahrstuhl.

»Alle Mann mit zu mir!«, befahl Kerim, und da er gleich in dem Stockwerk wohnte, wo wir gerade standen, protestierte nicht einmal ich.

Seine Mutter öffnete mit dem Baby auf dem Arm und Kerim lotste uns ins Badezimmer.

»Wir nehmen den Föhn«, sagte er und stöpselte ihn bereits in die Steckdose. Rima machte sich an dem Umschlag zu schaffen.

»Er geht ganz leicht auf«, verkündete sie. »Der Kleber ist auch schon ganz aufgeweicht.« Schon holte sie den Briefbogen heraus, aber da baute sich Celina vor ihr auf.

»Hast du schon mal was vom Briefgeheimnis gehört?« Du darfst den nicht lesen.«

»Wer hat gesagt, dass ich ihn lesen will?«, fragte Rima. Aber ich hatte mich schon über ihre Schulter gebeugt. »Krass«, entfuhr es mir. »Lauter aufgeklebte Buchstaben aus Zeitungen und Comics! Wie bei einem echten Verbrecherbrief!«

»Die Botschaft ist aber nicht wie von einem Verbrecher«, fand Hung und las gleich vor. »*Sei am letzten Samstag vor Ferienende am Delfinbrunnen und du wirst eine Überraschung erleben.* – Was für eine Überraschung, Olli? Was kann das sein?«

»Wenn ich das wüsste«, entgegnete ich düster, denn mein Herz klopfte zum Zerspringen vor Aufregung. »Eigentlich hört sich das Wort *Überraschung* ja nach etwas Gutem an. Aber Briefe aus Zeitungsbuchstaben sind meistens eine Bedrohung.«

»Vielleicht hast du irgendwo was angestellt und irgendeiner will sich jetzt rächen«, meinte Celina achselzuckend.

»Nein!« Ich schrie beinahe. »Hab ich nicht, stimmt's, Emma?«

»Ich kann mich an nichts erinnern«, meinte auch sie.

»Vielleicht ist er von der Meckerliese!«, überlegte Benni laut. »Wegen der Spiegeleier.«

»Ha, ha«, machte Hung. »Streng doch mal deinen Grips an, du Zwerg. Die Meckerliese weiß gar nicht, wie Olli heißt, und außerdem würde sie entweder an alle schreiben oder nur an den Boss.«

»Und der bin ich!«, beeilte sich Kerim zu sagen. Er legte seinen Arm um meine Schulter und versprach mir: »Im Moment tappen wir im Dunkeln, Kumpel. Aber am Tag X gehst du auf keinen Fall alleine zum Brunnenplatz. Wir sind alle dabei, oder, Leute?«

»Klar, sind wir.« Die anderen nickten mit dem Kopf. Dann wollte jeder einmal den Brief bestaunen und ich reichte ihn herum.

»Der riecht nach irgendwas«, stellte meine Schwester fest und schnupperte an dem Papier wie ein Kaninchen. »Weißt du, was das ist?«

Ich schnupperte auch, aber ich kam nicht drauf. Ich merkte nur, wie sich ein fröhliches Gefühl in mir ausbreitete, denn an irgendetwas erinnerte mich dieser Duft, ich kam nur nicht darauf, an was.

»Riecht irgendwie nach Essen«, fand ich. »Nach gutem Essen und irgendwie süß. Oh Mist, ich bin ganz dicht dran, als ob gleich eine Tür aufgeht und ich in der Welt stehe, aus der dieser Brief stammt. Aber ich komme einfach nicht drauf!«

»Zerbrechen wir uns nicht weiter den Kopf«, meinte Violetta schließlich und deutete durch das Badezimmerfenster nach draußen. »Das Gewitter hat sich verzogen, wollen wir nicht noch ein bisschen rausgehen?«

Das wollten wir alle. Ich schnupperte aber erst noch einmal an meinem Brief und wurde das Gefühl nicht los, dass am Ferienende etwas ganz besonders Tolles auf mich wartete.

Das Fahrstuhlwettrennen

Am nächsten Tag regnete es und kühl war es draußen auch. Als Emma, Kerim und ich bei Violetta klingelten, sagte sie, Benni habe einen leichten Schnupfen und deshalb passe sie in der Wohnung auf ihn auf. Celina wollte fernsehen und Hung untersuchte tote Insekten unter seinem Mikroskop, das er im April zum Geburtstag bekommen hatte. Später wollte sein Vater ihn noch mit zu einem Ausflug in die Sternwarte nehmen. Er fragte uns, ob wir mitkommen wollten, aber meine Eltern waren durch den Umzug knapp bei Kasse und Kerim sagte, sein Großvater in der Türkei habe ein richtig tolles Fernrohr. Mit dem habe er schon ganz oft den Sternenhimmel beobachtet.

»Können wir nicht zu euch gehen?«, fragte Emma ihn. »Ich möchte mit Rima spielen und auf Gül aufpassen.«

»Klar«, sagte Kerim. »Aber als ich losgegangen bin, war Gül gerade eingeschlafen. Wenn ich jetzt klingele, wacht sie auf und schreit, dann schimpft meine Mutter. Eine Stunde müssen wir noch warten.«

Emma stöhnte. Dann sind wir aber mit dem Fahrstuhl bis ganz nach unten gefahren und haben Fahrstuhlwettrennen gespielt. Zwei von uns sind immer mit dem Fahrstuhl gefahren und haben den Halteknopf von irgendeiner Etage gedrückt und der Dritte musste genau bis zu dem Stockwerk die Treppe hochrennen. Dabei musste man möglichst schneller sein als der Fahrstuhl. Aber auch nicht zu schnell, denn man wusste ja nicht, welchen Knopf die anderen gedrückt hatten. Wenn Emma und ich zum Beispiel in der zweiten Etage anhalten wollten, aber Kerim war schon in der vierten angekommen, hatte er trotzdem verloren. Hielt der Fahrstuhl aber in der dritten und der Läufer war noch nicht da, verlor er auch. Auf diese Weise wollte ich trainieren, damit ich bald genauso schnell die Treppen nach oben rennen konnte wie Kerim.

»Wozu denn?«, fragte Emma, die schon ganz rot im Gesicht war, nachdem sie nur einmal bis zum ersten Stock rennen musste und einmal bis zum zweiten. Kerim hatte gesagt, das reicht bei ihr für den Anfang. »Wenn wir einen Fahrstuhl haben, muss ich doch wohl nicht die Treppen hochrennen, oder? Du würdest ja auch nicht zu Fuß in deine Türkei gehen, wenn du auch mit dem Flugzeug hinkommst.«

»Der Fahrstuhl kann aber mal kaputt sein«, erwiderte Kerim. »Dann bleibt nur die Treppe. Pech für den, der dann nicht in Übung ist.«

Emma hob ihre Schultern, so wie Celina es auch immer macht, wenn sie keine andere Antwort weiß.

Ich fand das Spiel aber gut und gab mir richtig Mühe, mich zu steigern. Nachdem ich einmal gegen den Fahrstuhl in die vierte Etage gewonnen hatte, sagte Kerim, wir sollten jetzt besser aufhören, sonst würde ich morgen schlimmen Muskelkater haben. Ich winkte zwar ab, aber insgeheim war ich froh, nicht noch einmal rennen zu müssen. Ich musste auch immer noch an den Brief denken und war nicht ganz bei der Sache.

»Hast du Angst, dass Olli bald schneller ist als du?«, fragte Emma, aber Kerim zeigte ihr einen Vogel.

»Quatsch«, widersprach er. »Olli kann gar nicht schnell genug sein. Wenn unserer Bande mal Gefahr droht zum Beispiel. Übrigens müsstet ihr mal sehen, wie Violetta flitzen kann. Aber die hat ja auch Beine wie eine Giraffe.«

Ich schluckte. Langsamer sein als Violetta wollte ich auf keinen Fall. Sonst würde sie noch über mich lachen.

»Fahrstuhlwettrennen können wir ja auch mit den anderen mal spielen«, schlug ich vor. »Das ist bestimmt noch lustiger und, Emma – ich wette, schneller als Celina bist du auf jeden Fall. Und die Meckerliese kann uns nicht erwischen. Die wohnt ja nicht in unserem Haus.«

»Dafür aber der Hausmeister«, warnte mich Kerim. »Mit dem ist auch nicht zu spaßen. Er ist aber nicht immer da.«

Wir fuhren dann noch einfach so mit dem Fahrstuhl auf und ab und hielten in fast jeder Etage einmal an. Von jedem Fenster aus sah der Brunnenplatz anders aus, obwohl alle die gleiche Ausrichtung hatten. Im ersten und zweiten Stock konnten wir noch ganz genau beobachten, was die Leute unten machten. Sogar die Brotstückchen, die eine alte Frau ein paar Spatzen hinwarf, konnten wir erkennen. Aber je höher wir kamen, desto schwieriger wurde es. Dafür versuchten wir zu erspähen, was hinter den Fenstern der gegenüberliegenden Häuser gerade passierte. Leicht war das nicht, denn zwischen unserem Haus und ihnen lag ja der ganze Platz mit dem Springbrunnen darauf und den Bänken drum herum. Aber ein Fenster war offen, und ein alter Mann hatte sich ein Kissen aufs Fensterbrett gelegt und stützte seine Arme darauf, um es beim Rausgucken gemütlicher zu haben. Ein Fenster in der sechsten Etage wurde gerade von einem Mädchen mit Blumen aus Window Color beklebt. Und im neunten Stock schüttelte eine Frau ein Kopfkissen aus.

»Wir müssten ein Fernglas haben«, überlegte ich laut. »Dann könnten wir die Leute richtig beobachten.«

Kerim schlug mir auf die Schulter. »Am besten abends, wenn es draußen dunkel ist, in den Zimmern aber überall Licht brennt! Dann könnten wir alles sehen, was die Leute machen, sogar einen Mord aufklären!«

Emma zuckte zusammen. »Du meinst, hier passieren Morde?«, fragte sie zaghaft.

»Bisher nicht«, entgegnete Kerim. »Aber man weiß ja nie. Ein Fernglas wäre jedenfalls genial.«

Im Moment hatten wir aber noch keins. Dafür beobachteten wir im zwölften Stock eine Frau, die ihr Küchenfenster aufriss und einen Topf aufs Fensterbrett stellte, aus dem schwarzer Rauch quoll.

»Seht ihr!« Kerims Stimme klang aufgeregt. »Wenn sie jetzt zum Beispiel vergessen hat, den Herd auszuschalten, kann es da oben ganz schnell anfangen zu brennen. Und wenn wir das mit dem Fernglas als Erste sehen und die Feuerwehr rufen, sind wir richtige Helden!«

Emma sagte, dass sie das auch gerne sein wolle, und gerade wollte ich hinzufügen, dass mein Vater uns vielleicht sein Fernglas borgen kann, da wurde einige Etagen unter uns die Tür aufgezogen.

»Was ist denn das für ein Lärm!«, polterte eine Männerstimme. Gleichzeitig waren humpelnde Schritte zu hören, die näher kamen. »Das Treppenhaus ist nicht dazu da, um Kindergeburtstag zu feiern!«

Ich erschrak und wollte mich gegen eine Wand drücken, damit der Mann mich nicht sehen konnte, aber dann spähte ich doch durch den vergitterten Fahrstuhlschacht nach unten.

»Der Hausmeister«, flüsterte Kerim, und da entdeckte

75

ich ihn auch schon. Der Hausmeister sah ein bisschen unheimlich aus mit den tiefen Falten in seinem Gesicht und den trüben Augen, die unter dichten Brauen zu uns nach oben starrten. Seine Haare klebten ihm in öligen Strähnen am Kopf und sahen aus, als hätte er sie schwarz gefärbt. Zu seiner blauen Latzhose trug er schwarze Schuhe, von denen einer doppelt so dick aussah wie der andere. Mit denen humpelte er ein paar Stufen aufwärts, blieb dann aber stehen und schnaufte. Ich hörte, wie er aus seiner Hosentasche eine Streichholzschachtel zog, sie aufschob und ein Zündholz an der rauen Außenfläche rieb. Gleich darauf begann es im Treppenhaus nach Zigaretten zu stinken und ich dachte, dass der geheimnisvolle Brief schon mal nicht von ihm sein konnte. Dann hätte der ja nach Tabak gestunken und nicht nach leckerem Essen.

»Rauchen verboten ist hier wohl nicht«, murmelte ich.

»Doch«, zischte Kerim. »Aber das kümmert ihn nicht. Mein Vater sagt, er ist süchtig nach Zigaretten. Er qualmt so viel, dass sein linkes Bein schon ganz taub von dem ganzen Gift ist. Deshalb humpelt er auch.« Im selben Moment hörten wir aus seiner Wohnung plötzlich Babygeschrei.

»Gül ist wach«, verkündete er und schob uns auf die Wohnungstür zu. »Dann können die Mädchen jetzt babysitten. Was wollen wir machen, Olli?«

Ich schlug ihm vor, zu mir zu kommen und mit meinem

Tischfußballspiel zu spielen. Die Spieler sind auf einem Feld an einer Feder befestigt, und man muss sie so zurückziehen und hervorschnellen lassen, dass sie den Ball ins gegnerische Tor bringen. Ich hatte das Spiel oft mit meinen alten Freunden gespielt und war froh, dass ich nun etwas hatte, das ich etwas besser konnte als Kerim. Er stellte sich aber auch geschickt an.

»Jetzt hätte ich Lust, richtig Fußball zu spielen«, meinte Kerim, nachdem ich dreimal gewonnen hatte und er zweimal. Auf eine Revanche hatte er offenbar keine Lust.

»Ich bin dabei«, sagte ich.

»Schade, dass auf dem Bolzplatz neben der Schule immer Jugendliche sind«, meinte Kerim. »Aber wenn du einen Ball hast, können wir trotzdem runtergehen. Irgendwo können wir bestimmt ein bisschen kicken.«

Ich holte den Ball unter meinem Bett hervor, dann verabschiedeten wir uns von meiner Mutter und gingen. Durch die Fenster im Treppenhaus sah ich, dass der Regen aufgehört hatte.

»Dann können wir doch wieder bei den anderen klingeln«, schlug ich vor. »Hung ist bestimmt ein guter Spieler, Benni ist zumindest schnell und Celina können wir ins Tor stellen.«

»Und Violetta?«

Ich überlegte.

»Die kann Schiedsrichter sein«, beschloss ich. »Vio ist bestimmt sehr gerecht.«

Wir klingelten auch bei Kerim, um Emma und Rima zu fragen, aber die sagten, sie wollten lieber noch bei Gül bleiben. Rima hatte gerade Milchbrei angerührt und jetzt wollten sie sie füttern. Die anderen kamen aber alle raus.

»Dass ich ins Tor gehe, könnt ihr vergessen«, sagte Celina. »Kerim schießt so hart, dass ich davon schon mal fast eine Gehirnerschütterung bekommen hätte. Meine Mutter sagt, am besten soll ich gar nicht mehr mit euch Fußball spielen.«

»Ich kann auch ins Tor gehen«, bot ich an, um zu zeigen, dass ich vor Kerims harten Schüssen keine Angst hatte. »Dann ist Benni Mittelfeldspieler, Hung ist Stürmer und du kannst Verteidiger sein.«

»Wir wechseln uns ab«, sagte Kerim. »So hat wenigstens jeder mal die Chance, zu treffen.« Er ließ den Ball auf den Boden tippen, den wir uns beim Gehen schon die ganze Zeit gegenseitig zugeworfen hatten. So ersparten wir uns das Aufwärmen. Inzwischen waren wir in der Toreinfahrt angekommen; hier fuhren die Mieter immer durch, die an der offenen Seite des Brunnenplatzes eine Garage hatten. Das geschah aber nur selten, denn die meisten Leute parkten auf der Straße, so wie mein Vater zum Beispiel. Eine Garage war ihm zu teuer. Deshalb war das vergitterte Tor meistens abgeschlossen. So wie jetzt zum Beispiel.

»Hier!«, rief Kerim auf einmal. »Hier ist es cool. Das Spielfeld hat genau die richtige Größe und das Gittertor kann unser Netz sein.« Er warf mir den Ball zu und stellte sich ins Tor.

»Ich habe eine Trillerpfeife dabei«, verkündete Hung und wühlte in seiner Hosentasche. Als er sie gefunden hatte, reichte er sie Violetta, die sie auch gleich ausprobierte und einen Platz am mittleren Spielfeldrand einnahm. Wir anderen verteilten uns in der Einfahrt, und kurz darauf war das Spiel im Gange. Hung und Benni spielten in einer Mannschaft, Celina und ich in der anderen. Ich hatte ihr gar nicht viel zugetraut, aber an ihr kam so schnell kein Ball vorbei. Besonders viel gelaufen ist sie nicht, aber wenn Hung an ihr vorbeischießen wollte, brauchte sie meistens nur ein Bein auszustrecken und schon prallte der Ball daran ab. Nur Benni schaffte es schließlich, sie auszudribbeln, und stand plötzlich allein vor dem Tor.

»Hier!«, schrie Hung, der gesehen hatte, dass ich herbeigeeilt war, um Benni zu decken. »Gib ab, Benni, gib ab!«

Benni wollte tatsächlich abgeben, aber sein Fuß rutschte ab und er traf den Ball nicht richtig. Das runde Leder kullerte mir genau vor die Füße, ich brauchte nur noch draufzuhalten. Kerim sprang in die falsche Ecke und – der Ball schepperte gegen das Metallgitter.

»Tooor!«, brüllten Celina und ich gleichzeitig. Violetta pfiff zum 1:0. Benni riss aus Versehen die Arme hoch und wurde von Hung ausgeschimpft, weil es für ihre Mannschaft doch 0:1 stand. Kerim ließ den Ball gleich noch einmal gegen das Gittertor knallen, danach schoss er ihn gegen die Decke der Toreinfahrt, gegen die Wände und wieder gegen die Decke, weil er sich so ärgerte, dass er ein Tor durchgelassen hatte.

»Das wäre mir bestimmt auch passiert«, sagte ich zu ihm. »Wenn du willst, können wir jetzt tauschen.«

Kerim nickte, schoss den Ball aber erst mal noch zur offenen Seite der Toreinfahrt hinaus. Anscheinend hatte er sich immer noch nicht genug abreagiert. Eigentlich fand ich, dass er ihn selber zurückholen musste, aber weil Kerim sich schon umgedreht hatte, ging ich.

Dabei passierte es. Ich war gerade unter der Toreinfahrt hindurchgegangen, als plötzlich ein Schwall kaltes Wasser auf mich platschte. Über meinen Kopf, meine Schultern und meinen ganzen Körper. Ich war nass bis auf die Haut. An einem richtig heißen Tag wäre mir das lieber gewesen.

»Olli!«, schrien die anderen fast alle gleichzeitig und kamen angestürmt. Der Fußball war unter einem niedrigen Zierstrauch liegen geblieben. Ich wischte mir mit dem Arm das Wasser aus dem Gesicht und schaute nach oben, um zu sehen, woher es kam.

Vor Schreck hörte ich auf zu atmen. Im ersten Stock hing das Gesicht des Hausmeisters aus einem Fenster. Er sah noch zorniger aus als vorher im Treppenhaus und schimpfte, es hätten sich Nachbarn über unseren Lärm beschwert.

»Gleich komme ich runter«, brüllte er. »Dann könnt ihr was erleben!«

Zum Glück wussten wir, dass er nicht schnell laufen konnte. Aber wenn er Verstärkung mitbrachte oder einfach jemand anders schickte?

»Abhauen!«, zischte Kerim und drehte sich um; Violetta, Benni, Hung, Celina und ich folgten ihm. Aber auf der anderen Seite war ja das abgeschlossene Gittertor.

»Rüberklettern?«, fragte Hung leise.

»Rüberklettern«, gab Kerim zurück und war schon halb oben. Violetta half Benni hoch und passte auf, dass er nicht abrutschte und fiel, er kletterte aber geschickt. Nur als er ganz oben war und auf die andere Seite musste, wimmerte er vor Angst.

»Schieb die Beine rüber und hangel dich einfach abwärts«, sagte Kerim, der schon auf der anderen Seite war und wieder festen Boden unter den Füßen hatte. »Ich fang dich auf.« Bei Violetta sah es richtig elegant aus, als sie ihre Beine über das Tor schwang. Bestimmt geht

81

sie in einen Turnverein oder zum Ballett. Celina keuchte beim Klettern. Auch mir erschien das Tor von oben mächtig hoch, aber ich biss die Zähne zusammen und schaffte es schließlich ohne Probleme, obwohl ich völlig durchnässt war und vor Kälte zitterte. Hung kam nach mir rüber. Als wir alle unten angekommen waren, rannten wir los und machten erst am Brunnenplatz halt. Mir schlugen die Zähne aufeinander.

»Dieser Mistkäfer!«, fluchte ich. »Wie soll ich jetzt nach oben kommen, um mir trockene Sachen anzuziehen? Der lauert doch bestimmt im Treppenhaus, ob wir kommen!«

Hungs Gesicht leuchtete auf. Er griff unter den Kragen seines Hemdes und hielt triumphierend seinen Hausschlüssel in die Höhe.

»Durch den Kellereingang!«, rief er. »Der Fahrstuhl hält ja auch dort. Wir steigen im Keller ein, dann sieht der Hausmeister nicht, dass wir es sind. Natürlich müssen wir so still sein wie schlafende Regenwürmer. Und dann fahren wir einfach ganz gemütlich an ihm vorbei!«

Wir schafften es tatsächlich, keinen Laut von uns zu geben. Erst als wir ganz oben waren, sagte Celina: »In diesem Haus ist aber auch alles verboten.«

Mir war das eigentlich egal. Unsere Flucht war doch spannend gewesen. Am meisten freute ich mich aber, als Kerim mir im zehnten Stockwerk wieder die erhobene

Hand zum Einschlagen hinhielt. Er war also nicht mehr sauer, weil ich ihm ein Tor reingehauen hatte.

Hinter unserer Wohnungstür duftete es nach Mamas selbst gebackenem Pflaumenkuchen. Dieses Mal konnte ich ihn einladen mitzuessen.

Benni als Vogelmama

Sobald ich trockene Sachen anhatte, stürzten wir uns auf den Kuchen. Emma durfte auch noch Rima dazu einladen. Eine Weile überlegten wir danach noch, ob wir den Hausmeister anzeigen sollten, falls ich mich erkältet hatte, denn ich musste ein paarmal kräftig niesen. Irgendwann jedoch hatte ich mich ausgeniest und wollte wieder raus.

»Dann wird es mit der Anzeige sowieso nichts«, meinte Hung, der auch schon über den Brunnenplatz stromerte. »Vor Gericht musst du nachweisen können, dass du wegen seinem Wassereimer krank geworden bist. Wenn du gleich hinterher wieder draußen spielst, glaubt dir das kein Mensch.«

Ich hatte auch gar keine richtige Lust, ihn anzuzeigen. Sogar meine Mutter hatte gesagt, ich bräuchte mich gar nicht zu wundern. In der Toreinfahrt Fußball zu spielen sei ziemlich dumm von uns gewesen, weil es so hallt, wenn der Ball gegen die Wände schlägt. Da würde sich jeder gestört fühlen, der darüberwohnt. Vielleicht sei der Hausmeister beim Mittagsschlaf aus dem Bett gefallen.

Violetta kam mit Benni zurück und lächelte erleichtert, als sie mich sah. Vielleicht hatte auch sie gedacht, ich hätte mir eine Lungenentzündung geholt. Dass sie sich Sorgen um mich machte, fand ich allerdings gut. Celina kam auch mit Hammer an der Leine an. Sie beachtete mich jedoch nicht weiter, sondern ging gleich zu Emma und Rima und flüsterte ihnen was ins Ohr. Mir fiel plötzlich etwas ein.

»Mist«, stieß ich hervor. »Vor lauter Schreck habe ich vorhin meinen Ball vergessen! Hoffentlich liegt der überhaupt noch im Gebüsch bei der Toreinfahrt!«

»Glaube ich kaum«, vermutete Hung. »Den hat bestimmt der Hausmeister einkassiert, damit er sich nachher aufspielen kann, deine Eltern sollen ihn persönlich abholen und so.«

»Verflixt.« Ich kaute auf meiner Unterlippe herum.

Ganz von selbst hatten wir aber den Weg zurück zur Toreinfahrt eingeschlagen. Mein Ball lag tatsächlich nicht mehr dort, wo ich ihn zuletzt gesehen hatte. Gerade überlegte ich fieberhaft, wie ich das meinen Eltern beibringen sollte, da schrie Benni plötzlich leise auf. Er hatte unter den Büschen nachgesehen, die die Auffahrt umsäumten. Es hätte ja sein können, dass jemand anders ihn weggeschossen hatte.

»Kommt mal schnell her«, rief er. »Da sitzt ein verletzter Vogel!«

Wir rannten zu ihm. Emma kam natürlich als Erste an.

»Nicht anfassen«, zischte sie. »Sonst nimmt die Vogelmutter ihn nicht mehr an, wenn sie riecht, dass ihn ein Mensch berührt hat!«

Benni hatte sich aber schon gebückt und einen kleinen Spatz vom Boden aufgehoben, der sich auch gleich in seine Hand kuschelte und kläglich piepste. Besonders schlimm verletzt sah er eigentlich nicht aus. Jedenfalls hatte er weder einen gebrochenen Flügel noch hielt er eines seiner dünnen Beinchen irgendwie schräg.

»Der ist doch schon fast erwachsen«, meinte Hung. »Sein Federkleid ist schon fertig, er hat bestimmt Fliegen geübt und ist runtergefallen. Vielleicht braucht er gar keine Mutter mehr. Ich hoffe nur, dass er keine inneren Verletzungen hat.«

»Ich weiß, wo der nächste Tierarzt ist«, warf Celina ein. »Mein Vater und ich waren neulich erst mit Hammer zum Impfen bei ihm. Er kann den Vogel untersuchen.«

»Erst mal müssen wir ihm was zu fressen besorgen«, sagte Violetta. »Nach dem Schrecken hat er bestimmt Hunger...«

»Wollen wir beim Bäcker nach alten Brötchen fragen?«, schlug Celina vor. »Damit füttern die alten Frauen doch auch immer die Vögel. Sogar die Meckerliese macht das manchmal.«

»Brot und Brötchen sind aber nicht gut für Vögel«, wusste Hung zu berichten. »Ich habe mal eine Fernsehreportage gesehen, da sind die Schwäne am Fluss sogar daran gestorben. Die sind ja eigentlich Pflanzenfresser.«

»Der Spatz ist aber kein Schwan«, widersprach Celina. »Alles weißt du auch nicht, auch wenn du dir immer vorkommst wie ein Professor.«

»Spatzen fressen Regenwürmer«, sagte Emma. »Und vielleicht noch Körner.«

»Dann suchen wir Regenwürmer!«, rief Benni und wollte gleich wieder unter die Büsche kriechen, doch dann fiel ihm gerade noch rechtzeitig ein, dass er den kleinen Spatz noch in der Hand hielt.

»Gib ihn mir«, schlug Emma vor und formte ihre geöffneten Hände zu einer Mulde. Als Benni den Vogel vorsichtig hineinsetzte wie in ein richtiges Nest, schlug er ein wenig mit den Flügeln. Deshalb hielt Emma ihn mit einer Hand dicht vor ihren Bauch, die andere legte sie lose über seinen Körper wie eine schützende Hülle.

»Zerquetsch ihn nicht«, mahnte Celina. Die ganze Zeit zerrte sie an Hammers Leine, um ihn davon abzuhalten, an Emma hochzuspringen. Offenbar fand er den Spatzen sehr interessant. Deshalb hatte Celina den kleinen Vogel noch gar nicht richtig gesehen und war sauer.

87

»Wenn du willst, halte ich kurz den Hund«, bot Violetta ihr an und streckte ihre Hand nach der Leine aus. »Dann kannst du auch mal gucken.«

Inzwischen war Benni fast im Gebüsch verschwunden, nur sein Hosenboden und die Beine schauten heraus.

»Wie praktisch, dass wir dich haben, Benni«, sagte ich. »Du bist so schön klein und dünn, da passt du überall rein. Vielleicht können wir dich irgendwann mal als Spion einsetzen. Oder als blinden Passagier.«

»Beeil dich lieber mit den Regenwürmern«, sagte Emma. »Hast du überhaupt schon welche gefunden?«

»Zwei Stück.« Benni kam aus den Büschen hervorgekrochen. In seinen Haaren hingen Blätter und kleine vertrocknete Zweige, und er hielt triumphierend die beiden Regenwürmer in die Höhe, die sich in der Luft ringelten und wanden. »Ich glaube, das genügt fürs Abendessen.«

»Iiiih.« Celina schüttelte sich. »Zum Glück bin ich kein Vogel. Ist ja eklig, wie die sich bewegen.«

»Huuuh, huuuh!«, machte Benni und hielt die Würmer vor Celinas Gesicht. Die kreischte laut auf und schlug nach Bennis Hand. Im nächsten Augenblick lagen die Regenwürmer wieder auf dem Boden und versuchten, in zwei verschiedene Richtungen abzuhauen.

»So bekommt ihr unseren Spatz nie satt«, schimpfte Emma. »Jetzt fütter ihn endlich, Benni.«

Benni hob die Würmer wieder auf. Celina drehte sich

um und schaute weg, wir anderen beobachteten aber
ganz genau, wie der Vogel seinen Schnabel öffnete
und seinen Leckerbissen verschlang. Nach dem zweiten
Wurm legte er den Kopf schräg und blickte Benni an, als
ob er sagen wollte: »Das soll schon alles gewesen sein?
Du willst mich wohl veräppeln!«

»Tja, Benni.« Kerim lachte sein breites Lachen und
klopfte unserem Kleinsten auf die Schulter. »Jetzt bist du
eine Vogelmutter. Machst deine Sache echt gut, Kumpel.«

Ich wagte einen verstohlenen Seitenblick auf meine
Schwester, denn ich wusste genau, wie gerne *sie* die Vogelmutter gewesen wäre. Ich hätte es ihr gegönnt. Aber
es war nun mal Benni, der den Spatz gefunden hatte. Da
durfte er natürlich auch für ihn sorgen.

»Als Nächstes braucht er Wasser«, sagte Violetta.
»Und einen Käfig mit Sand und Körnerfutter. Du kannst
ihn ja nicht die ganze Zeit in der Hand halten, bis du
weißt, ob er wirklich keine Verletzungen hat.«

Benni riss die Augen auf. »Ich hab aber keinen
Käfig!«

»Hat jemand von euch einen?«, fragte Kerim in die
Runde. Alle schüttelten den Kopf.

»Vielleicht geht auch erst mal eine Pappschachtel«,
meinte Celina. »Mit Deckel natürlich. Ein Schuhkarton.«

»Der ist doch viel zu dunkel«, erwiderte Hung. »Da

denkt der Vogel ja, es wäre die ganze Zeit Nacht. Davon kann er krank werden und verliert seine ganzen Federn.«

Wir wussten nicht weiter. Der kleine Spatz in Emmas Hand zappelte jetzt immer mehr, und sie meinte schon, dass es ihm vielleicht besser geht und er doch seine Freiheit will. Also suchten wir eine ungefährliche Stelle und fanden schließlich ein kleines Rasenstück vor einem der Hochhäuser. Dort hockte sich Emma hin und setzte den Spatz vorsichtig auf den Boden. Wir traten alle einen Schritt zurück, bis wir im Kreis um ihn herumstanden, und warteten ab, was er tat.

Er tat nichts. Er zappelte nicht mehr und versuchte weder zu hüpfen noch zu fliegen. Genau wie ganz am Anfang saß er einfach nur da und piepte.

»Du bist frei, kleiner Vogel«, sagte Emma zu ihm. »Flieg zu deiner Mama und deinen Geschwistern, na los!«

»Das kann er noch nicht«, sagte plötzlich eine freundliche Stimme dicht hinter uns. »Er kann abgestürzt oder gegen eine Scheibe geflogen sein. Da ist er jetzt ganz benommen und muss sich erst mal erholen.«

Wir drehten uns um. Die Stimme gehörte einer alten Frau, die gerade vom Einkaufen kam. Jedenfalls stellte sie neben sich zwei schwere Taschen ab und keuchte ein bisschen. Sie war viel zu warm angezogen; über ihrer geblümten Bluse hatte sie sogar einen Mantel an. Es war zwar kein Wintermantel, sondern so ein heller, dünner, aber trotzdem. Da hätte ich auch gejapst.

»Solche kleinen Spatzen fallen öfter mal aus dem Nest«, erzählte sie uns. »Wenn sie sich nichts gebrochen haben, erholen sie sich meistens bald wieder. Aber hier draußen kann der kleine Kerl überfahren werden. Oder eine Katze holt ihn. Das wollen wir ja nicht, oder?«

Zu siebt schüttelten wir den Kopf.

»Ich glaube, ich habe im Keller noch einen Vogelbauer«, sagte sie lächelnd. »Mein Wellensittich ist mir vor einem halben Jahr gestorben und meine Schwiegertochter traut mir nicht mehr zu, wieder einen zu versorgen. Aber den Kleinen hier ein paar Tage lang gesund pflegen, bis er von alleine wieder in die Freiheit will, das werde ich ja wohl noch schaffen.«

Emma schluckte. »Eigentlich wollten wir …«

Ich stieß ihr meinen Ellbogen in die Rippen.

»Ist doch gut!«, zischte ich, denn ich ahnte, dass meine Mutter nicht begeistert sein würde, wenn wir mit einem Vogel von der Straße nach Hause kämen. Benni, der den Spatz ja gefunden hatte, war noch zu klein, um ihn alleine zu versorgen. Einen Vogelbauer hatte keiner von uns allen. Und die alte Frau kannte sich bestimmt richtig gut mit Vögeln aus, wenn sie vor Kurzem selber noch einen gehabt hatte.

»Na dann kommt mal am besten mit zu mir nach

91

Hause«, schlug sie vor. »Dann könnt ihr mir im Keller beim Suchen helfen.«

Benni klammerte sich ein wenig ängstlich an Violettas Arm, und ich musste auch daran denken, dass unsere Eltern Emma und mir gleich am ersten Tag in der Brunnenplatzsiedlung eingeschärft hatten, dass wir auf keinen Fall mit Fremden mitgehen sollen. Und die alte Frau war ja fremd. Allerdings sah sie nicht gerade wie eine Verbrecherin oder Kindesentführerin aus und wir waren ja zu siebt. Wenn sie uns wirklich kidnappen wollte, könnten ein paar von uns trotzdem schnell Hilfe holen. So viele Arme hatte sie ja gar nicht, dass sie uns alle gleichzeitig schnappen könnte. Da müsste sie richtig viele Komplizen haben, die irgendwo lauern.

Trotzdem hämmerte mein Herz ganz wild gegen die Brust, als Emma den Vogel wieder aufgehoben hatte, die Frau nach ihren Taschen griff und wir uns alle in Bewegung setzten.

»Die Taschen tragen wir«, sagte ich und wollte ihr eine abnehmen, aber die war auch für mich zu schwer. Als ich hineinsah, wusste ich, warum. Sie hatte zwei Packungen Milch eingekauft, einen kleinen Sack Kartoffeln und ein Glas Marmelade. Zum Glück sprang Violetta mir bei und nahm einen der beiden Griffe. Die andere Tasche trugen Kerim und Hung.

Und dann merkte ich plötzlich etwas, das mich beinahe schweben ließ, so erleichtert war ich. Die alte Frau steuerte genau das Haus an, in dem wir alle wohnen! Da war sie ja gar nicht fremd, sondern unsere Nachbarin, wir hatten es bloß noch nicht gewusst, weil in unserem Haus ja so viele Menschen wohnen. Die hatten wir noch gar nicht alle gesehen. In unserem Haus hatte ich überhaupt keine Angst mehr. Hier kennen wir uns ja alle aus, und wenn sie wirklich eine Entführerin mit massenhaft Komplizen gewesen wäre, hätten wir nur alle zusammen ganz laut um Hilfe rufen müssen. In unserem Treppenhaus hallt es so, dass wir wahrscheinlich geklungen hätten wie doppelt so viele Kinder, und der Hausmeister hätte auch gleich seine Tür aufgemacht und alles gesehen.

Als wir angekommen waren, drückte die alte Frau den Fahrstuhlknopf.

»Sagt lieber euren Eltern Bescheid, dass ihr bei der alten Frau Nitschmann seid«, bat sie uns. »Nicht, dass die sich noch Sorgen machen, wenn sie von oben aus dem Fenster schauen und ihr seid wie vom Erdboden verschluckt.«

Hung holte sein Handy aus der Hosentasche und tippte eine SMS an seine Mutter.

»Die regelt das jetzt«, verkündete er. »In zwei Minuten wissen alle Bescheid.«

Violetta, Benni und ich fuhren mit Frau Nitschmann im Fahrstuhl in den Keller. Emma hatte sich auf die Treppenstufen gesetzt und passte auf den Spatz und Frau Nitschmanns Einkäufe auf. Celina ging mit Hammer vor dem Haus auf und ab, wir mussten ihr aber versprechen, sie zu rufen, sobald der Vogel im Käfig saß. Kerim und Hung liefen zu Fuß die Treppe hinunter. Wenig später standen wir vor Frau Nitschmanns Kellerraum. Ich sah den Vogelbauer schon, bevor sie mit ihren zitterigen Händen das Vorhängeschloss geöffnet hatte. Kerim und Hung holten den Käfig heraus, und Frau Nitschmann fand sogar noch ein halbes Päckchen Vogelsand und eine Tüte Körnerfutter, die noch nicht mal angebrochen war. Gemeinsam transportierten wir alles nach oben zu ihrer Wohnung im vierten Stock. Ich versuchte, nicht darauf zu achten, wie komisch es darin roch. Ein bisschen nach Kohlsuppe, nach alter Bettwäsche und ein bisschen so, als hätte sie einfach nur lange kein Fenster mehr aufgemacht. Jetzt ging das auch nicht. Erst mussten wir den Spatz in den Käfig setzen. Violetta und Celina schleppten den Käfig ins Bad und machten ihn sauber, dann schüttete Emma den Vogelsand hinein. Benni durfte das Körnerfutter in einen kleinen Napf streuen und Hung kümmerte sich um das Wasser, damit der Spatz auch etwas zu trinken hatte.

»Habt ihr denn schon einen Namen für den Kleinen?«, fragte Frau Nitschmann, die sich in einen Sessel unter dem Fenster gesetzt hatte.

»Er heißt Piep«, sagte Benni wie aus der Pistole geschossen. »Weil er immer piep gemacht hat, als wir ihn fanden.«

»Piep, Piep, Piep«, sagte Emma und klopfte mit dem Zeigefinger sachte gegen die Gitterstäbe.

»Das ist ein blöder Name«, sagte ich. »Wenn du immer *Piep* rufst, denkt er noch, du wärst selber ein Vogel.«

»Dann schlag was Besseres vor«, sagte Emma. Mir fiel aber nichts ein, also blieben wir bei dem Namen. Wir Jungs fanden es auch nicht so wichtig, wie er heißt. Hauptsache, er hatte jetzt ein Zuhause.

Emma und Celina wären wohl am liebsten den ganzen Tag bei Piep und Frau Nitschmann geblieben. Wir halfen ihr noch, die Einkäufe wegzuräumen, dann holte sie aus einer Schublade im Wohnzimmer eine Schachtel Pralinen und wir durften uns jeder eine nehmen. Ich habe ganz schnell eine mit Nugat gegriffen. So viel Glück hatten die anderen nicht. In Celinas Praline war sogar eine Kirsche, die nach Schnaps geschmeckt hat. Die hat sie draußen gleich ins Gebüsch gespuckt.

»Ihr könnt mich gerne bald wieder besuchen kommen«, sagte Frau Nitschmann, als wir so langsam gehen wollten. »Und den kleinen Piep natürlich.«

Das wollten wir sehr gerne und versprachen, gleich am nächsten Tag nach Piep zu schauen.

»Die war aber nett«, sagte Emma, als wir wieder im Treppenhaus standen.

Das fand ich auch. Aber dann dachte ich nicht mehr weiter an sie und den Vogel. Ich hatte nämlich schon wieder eine neue Idee.

Super-Ollis Heldentat

Die große Hitzewelle war vorüber. Der geheimnisvolle Brief war ein bisschen in Vergessenheit geraten. Ein weiterer war nicht gekommen und ich dachte, dass sich vielleicht nur jemand einen Scherz mit mir erlauben wollte.

Viel mehr beschäftigte mich die Angst, dass unsere Bande sich bei schlechtem Wetter vielleicht nicht mehr treffen würde. Jedenfalls nicht alle zusammen. Die Mütter wollen ja meistens nicht, dass man Dreck in die Wohnung trägt oder laut ist, und unsere Kinderzimmer sind nicht so groß, dass man zu siebt oder acht darin herumtoben kann. Im Keller hatte ich aber etwas entdeckt, das die anderen noch nicht gesehen hatten. Nicht einmal Kerim. Am anderen Ende des Ganges, in dem die alte Frau Nitschmann ihren Kellerraum hatte, stand genau so ein Raum noch leer. Er war sogar doppelt so groß wie der von Frau Nitschmann. Und es hing kein Vorhängeschloss davor.

»Was macht ihr eigentlich immer so im Winter?«,

fragte ich, als ich den anderen den Kellerraum zeigte. »Das hier könnte doch unsere Zentrale werden, oder?«

»Genial«, stieß Hung hervor und blickte sich um. Man konnte richtig in seinem Gesicht sehen, dass er schon Pläne für die Einrichtung schmiedete. Auch Kerim nickte. Die Mädchen fingen gleich an, durcheinanderzureden, was für Decken und Kissen sie mitbringen wollten, damit wir es richtig gemütlich haben würden. Hammer lief ganz aufgeregt hin und her und schnüffelte in allen Ecken.

»Hier können wir uns immer treffen, wenn schlechtes Wetter ist!«, rief ich. »In den Keller gehen die Leute ja nicht so oft, da verstauen sie ja die Sachen, die sie nicht brauchen.«

Kurz entschlossen verabredeten wir uns in einer halben Stunde wieder am selben Ort. Jeder sollte aus seinem Zimmer Sachen mitbringen, mit denen wir unsere Zentrale einrichten konnten. Emma fragte Mama nach einer alten Wolldecke und alten Sofakissen. Ich holte meine Filzer und einen Notizblock, den ich vor einem halben Jahr bei einem Kindergeburtstag gewonnen und noch gar nicht benutzt hatte. Damit konnten wir uns gegenseitig wichtige Botschaften hinterlassen, wenn einer mal zu spät kam und die anderen vielleicht schon weg waren. Ein Kartenspiel nahm ich auch noch mit und aus der Küche eine Tafel Vollmilchschokolade und eine Schere, die kann man immer gebrauchen. Danach, fand ich, hatte ich genug beisammen; die anderen würden schließlich auch einiges mitbringen. Unsere Zentrale sollte ja nicht gleich so voll sein, dass wir selber nicht mehr reinpassen.

Als Emma und ich zurückkamen, waren schon fast alle versammelt und verteilten ihre mitgebrachten Sachen überall im Raum. Rima und Kerim hatten einen echten türkischen Teppich mitgebracht, auf dem nur schon ein großer Fleck war, der nicht mehr rausgeht. Celina hatte Hammers altes Hundekissen dabei und es war genau groß genug, um den Fleck abzudecken. Hammer legte sich gleich darauf, wackelte mit seinem Stummelschwänzchen und schob seinen Unterkiefer noch weiter vor als sonst. Er sah wirklich zum Kaputtlachen aus.

Hung trug einen Schuhkarton unter dem Arm und tat ganz geheimnisvoll.

»Was hast du da drin?«, wollte Benni wissen.

»Echte Walkie-Talkies«, sagte er. »Eines bekommt einen festen Platz unterm Kellerfenster, das andere muss immer einer von uns bei sich tragen, falls wir mal getrennt unterwegs sind. So können wir uns immer verständigen!«

»Cool, die probieren wir gleich aus!«, rief Kerim. »Was ist mit euch, Mädels, kommt ihr mit?«

»Och, geht ihr mal«, sagte Emma. »Wir machen es uns hier drin ein bisschen gemütlich.«

Rima und Celina nickten eifrig, nur Violetta sah nicht glücklich aus.

»Ich soll ja eigentlich auf Benni aufpassen«, sagte sie leise. »Oder schafft ihr das ausnahmsweise allein?«

»Klar«, antwortete ich schnell. »Er muss ja auch mal unter Männern sein. Ohne Babysitter. Stimmt's, Benni?«

Benni nickte eifrig und zog uns nach draußen. Hung holte sein Funkgerät aus der Hosentasche und überprüfte den Empfang.

»Mädels, bitte melden«, sprach er hinein. »Hung am Apparat, Mädels, bitte melden! Parole Brunnenplatz!«

Kerim, Benni und ich drängten uns dicht um ihn und versuchten zu lauschen. Aus dem Lautsprecher kam aber kein einziges Geräusch, nicht mal das leiseste Knacken.

»Ob sie es ausgeschaltet haben?«, überlegte Kerim laut. »Damit sie in Ruhe ihre Weibersachen bereden können?«

»Kann schon sein«, antwortete ich. »Dann kriegen sie aber was zu hören. Das ist gegen unsere Abmachung! Es hätte ja sein können, dass einer von uns in Not gerät.«

»Oder sogar wir alle zusammen!«, rief Benni.

»Vielleicht ist nur die Batterie leer«, vermutete Kerim.

»Blödsinn.« Hung zeigte ihm einen Vogel und sah richtig wütend aus. »Ich habe doch heute früh erst neue Batterien reingetan, die waren vorher sogar noch eingeschweißt! Daran kann es auch nicht liegen.«

»Vielleicht sind wir schon zu weit weg«, vermutete ich.

»Eigentlich soll es eine Reichweite von bis zu einhundert Metern haben«, meinte Hung. Aber er ging trotzdem auf unser Haus zu.

»Von hier aus müsste es gehen«, sagte Hung, als wir vor dem Gittertor zu den Garagen standen. Wieder sprach er in sein Funkgerät. Die Mädchen antworteten nicht. Hung schüttelte den Kopf.

»Gib mir mal«, drängte Benni und hüpfte so dicht vor Hung auf und ab, dass er ihm beinahe auf die Zehen trat. »Gib mir mal, Hung, los, gib mir mal das Walkie-Talkie!«

Aber Hung hielt seinen Arm so hoch, dass Benni das Gerät nicht erreichen konnte, egal wie hoch er sprang.

Plötzlich jedoch fiel er beim Springen gegen Hung. Der strauchelte, dabei fiel ihm das Walkie-Talkie aus der Hand und landete ungefähr einen Meter hinter dem Gittertor.

»Na toll!«, schimpfte Hung, der sowieso schon schlechte Laune hatte. Er rüttelte an der Klinke des Tores und stellte fest, dass es abgeschlossen war. »Und wie soll ich es jetzt wiederkriegen? Nächstes Mal bleibst du besser wieder bei deiner Babysitterin!«

»Hast du keinen Schlüssel?«, fragte Kerim und blickte verstohlen auf Hungs ausgebeulte Hosentaschen. »Du hast doch sonst immer alles dabei.«

»Für die Garagen braucht man einen anderen Schlüssel. Wenn wir den jetzt holen, wissen unsere Eltern gleich, dass was passiert ist.«

Ich seufzte. »Dann muss einer von uns rüberklettern, so wie neulich.«

»Müssen wir gar nicht«, sagte Benni. »Ich hole das Walkie-Talkie. Ihr habt ja neulich selber gesagt, dass ich überall durchpasse, weil ich so schön klein bin.« Er kniete sich hin, steckte ganz langsam den Kopf durch das Gitter und langte mit ausgestrecktem Arm nach dem Gerät.

»Nicht!«, schrie Hung, und ich wusste zuerst gar nicht, warum er sich so aufregte.

Da sah ich aber, dass Benni das Walkie-Talkie erwischt hatte und versuchte, seinen Kopf wieder rückwärts aus dem Gitter zu ziehen. Es ging nicht. Er drehte den Kopf hin und her, legte ihn schräg. Nichts half. Rückwärts passte er nicht durch die Stäbe.

»Ich bin gefangen!«, jubelte er. »Ich bin jetzt im Gefängnis, und ihr seid die Wärter und müsst mir Wasser und Brot bringen.«

»Versuch lieber wieder rauszukommen«, erwiderte Kerim. »Wenn du das schaffst, wissen wir Bescheid, dann kannst du deinen Kopf gleich noch mal durchstecken. Aber erst mal versuch dich zu befreien.«

Benni versuchte es.

»Geht nicht«, sagte er.

»Du hast eben einen Dickkopf.« Kerims Stimme wurde ungeduldig. »Versuch's noch mal, los.«

Es klappte wieder nicht. »Muss ich jetzt für immer hier stecken bleiben?«, fragte er. »Auch über Nacht?«

»Das will ich nicht hoffen«, antwortete Hung. Benni stieß einen Schrei aus wie eine Feuerwehrsirene, doch Kerim bückte sich und drückte ihm schnell die Hand auf den Mund.

»Sei still«, beschwor er ihn. »Wenn du brüllst, kommt vielleicht der Hausmeister, und schon haben wir wieder Ärger am Hals. Dann sitzt Violetta in der Klemme, weil sie auf dich aufpassen sollte. Wir müssen versuchen, es alleine zu schaffen. Bleib jetzt ganz ruhig und versuch's noch mal. Immerhin bist du nicht in Lebensgefahr.«

Benni konnte aber nicht ruhig bleiben. Er heulte und wimmerte. Auch ich bekam es langsam mit der Angst zu tun. Wenn jetzt ein Erwachsener kam und sah, was wir angerichtet hatten, waren wir geliefert.

»Ich würde sagen, das ist ein Fall für die Feuerwehr«, meinte Hung.

»Die kannst du aber mit deinem Walkie-Talkie nicht rufen«, erwiderte ich.

»Aber mit dem Handy«, meinte er, zauberte seines hervor und wollte schon den Notruf wählen. Zu allem Unglück hörten wir jetzt auch noch Schritte näher kommen. Schnelle, eilige Schritte. Zum Glück waren es aber nur die Mädchen, die sich ebenfalls gewundert hatten, weshalb wir uns nicht über das Walkie-Talkie meldeten. Mit einem einzigen Blick erkannten sie, was passiert war.

»Auweia«, stießen Emma und Rima wie aus einem Munde hervor.

»Alles meine Schuld«, stöhnte Violetta und kniete sich gleich hin, um Benni zu befreien. Er zappelte aber und ließ sich nicht anfassen.

»Das sieht böse aus«, meinte Celina. »Bennis Eltern werden sich schön über die Rechnung freuen, wenn die Feuerwehr das Gitter kaputt schneiden muss.«

»Rechnung?« Violetta ließ ihre Hände sinken und starrte sie an.

»Klar.« Celina verschränkte die Arme vor der Brust. »Für das Gitter und für den Einsatz der Feuerwehr. Hast du gedacht, die machen das umsonst?«

»Ich muss aufs Klo!«, schrie Benni.

»Verdammt«, sagte Violetta leise. »Und alles, weil ich nicht aufgepasst habe. Bennis Eltern werden die Rechnung gleich an meine weiterschicken, so viel steht fest.«

»Das kann in die Hunderte gehen«, fügte Celina hinzu.

Ich sah Violetta an. Ihre Eltern waren bestimmt nicht reich, auch wenn Violetta immer schön angezogen war. Man kann sich ja auch mit billigen Sachen schön anziehen. Für einen Feuerwehreinsatz und ein neues Gittertor hatten ihre Eltern sicher nicht genug Geld. Reich war in unserem Haus sowieso niemand. Reiche Leute kaufen sich ja eine Villa mit Swimmingpool.

Verstohlen sah ich zu Hung hin, der sonst immer am besten wusste, was zu tun war. Aber er kratzte sich nur am Ohr und schwieg.

»Ich will hier raus«, jaulte Benni. »Violetta soll meine Mama holen. Ich muss aufs…«

»Pass auf, Benni«, sagte ich und hockte mich ganz dicht neben ihn. »Erst mal musst du aufhören zu heulen, ja? Wir schaffen das. Halt mal ganz still.«

Denn so schnell wollte ich nicht aufgeben. Wir hatten schon so vieles geschafft, ohne gleich nach den Eltern zu rufen. Wir waren doch nicht auf den Kopf gefallen! Ich wollte jetzt keine Feuerwehr und keine Mutter, ich wollte einfach mit den anderen weiterspielen. Aber vor allem wollte ich nicht, dass Violetta Ärger bekam.

»Halt still«, sagte ich noch einmal, und tatsächlich beruhigte sich Benni etwas und zappelte auch nicht mehr. Ich nahm seinen Kopf in meine Hände und schob ihn ganz langsam in meine Richtung. Es war wirklich schwer. Manchmal hatte ich ein paar Millimeter geschafft, dann bewegte sich Benni wieder und glitt zurück.

»Dreh den Kopf mal ein bisschen nach links«, sagte ich, und als er tat, was ich von ihm verlangte, konnte ich immerhin sein rechtes Ohr ganz eng an den Kopf drücken, sodass es nicht mehr im Weg war. Danach machte ich das Gleiche mit dem anderen Ohr. Es muss gehen, beschwor ich mich immer wieder, es *muss* einfach gehen. Und es ging auch. Sogar an der dicksten Stelle seines Kopfes kam ich ganz, ganz langsam weiter.

»Aua«, jammerte Benni. »Du tust mir weh, Olli.«

»Ein kleines Stück noch«, sagte ich. »Eine Wassermelone ist gar nichts gegen deinen Dickschädel, aber wir schaffen das. Gleich tut es nicht mehr weh.« Ich schob und drückte, gab ihm Anweisungen, wie er mithelfen sollte.

Und dann war er frei! Ich hatte es geschafft, Benni steckte nicht mehr fest! Er sprang auf, jubelte und hüpfte auf einem Bein umher, dann trampelte er von einem Fuß auf den anderen und verschwand schließlich im Gebüsch.

»Gut gemacht, Olli!«, rief Hung. »Zu Hause bastel ich heute Abend eine Medaille für dich.«

»Klasse gemacht.« Kerim schlug mir auf die Schulter. »So langsam machst du mir als Boss echt Konkurrenz.«

»Hab ich ja gleich gesagt«, gab ich zurück und hätte schweben können vor Stolz.

»Er ist ja auch *mein* großer Bruder«, sagte Emma und kuschelte sich an mich. Rima und Kerim kicherten.

»Hoffentlich hat Benni keine Spätfolgen«, meinte Celina. »Von den Druckstellen. Er sollte lieber zum Arzt.«

»Ach was.« Violetta lachte und fächelte sich mit der Hand Luft zu. Sie war bestimmt am meisten erleichtert

106

von uns allen. »Benni geht es gut. Du bist ein echter Held, Super-Olli.«

Super-Olli. Sie hatte wirklich Super-Olli zu mir gesagt! Und dann kam Violetta einfach auf mich zu, legte ihre Arme um meinen Hals und gab mir einen Kuss auf die Wange. Ich fühlte mich wie der König der Welt.

»Ich bin so froh, dass ich am liebsten eine Party feiern würde!«, sagte sie.

»Eine Party?« Eben hatten wir alle noch wild durcheinandergeredet, jetzt verstummten wir und starrten einander an. Genau in dem Moment flammte die Sonne noch einmal hinter den Hochhäusern auf, sodass es aussah, als ob die Dächer brannten. »Geniale Idee! Am besten gleich morgen!«, rief ich. Ich war froh, dass jetzt alle schnell abgelenkt waren und nicht darauf achteten, dass ich bestimmt rot wie eine Chilischote war.

»Ja, morgen!«, rief auch Emma. »Das passt genau, weil es der letzte Samstag in den Ferien ist!«

Der letzte Samstag in den Ferien. Da sollte sich doch die Sache mit dem Brief aufklären. Die Überraschung. Aber erst mal waren alle Feuer und Flamme von dem Fest, und ich ließ mich gern davon anstecken.

»Los, kommt!«, rief Emma. »Wir gehen in den Keller zurück und schreiben auf, was wir brauchen!« Ich rannte los, und alle folgten mir. Ganz vorne wollte ich aber gar nicht laufen, sondern blieb neben Kerim.

Riesenparty am Brunnenplatz

Im Keller wollte Violetta unbedingt neben mir sitzen. Rima nahm meinen Notizblock vom Regal, an dem an einer kleinen Kette ein Kugelschreiber hing. Zuerst funktionierte er nicht, doch nachdem sie auf dem letzten Blatt ein paarmal hin und her gekritzelt hatte, klappte es doch.

»Süßigkeiten brauchen wir!«, rief Benni. »Und Chips! Und ganz viel Cola!«

»Und Musik«, fügte Violetta hinzu. Musik fand ich auch wichtig. Kerim sagte, sein Bruder Attila habe einen tragbaren CD-Spieler. Vielleicht würde er uns den borgen.

»Mit richtig fetten Bässen!«, verkündete er und fing gleich wieder an, mit seinem Mund Schlagzeuggeräusche zu machen. Emma meinte, wir müssten Stühle und Tische mitbringen. Nur auf den Bänken am Delfinbrunnen zu sitzen sei doch öde, und ein kaltes Buffet aufbauen könnten wir sonst auch nicht.

»Genau«, pflichtete Rima ihr bei. »Ich kann nämlich

sogar schon Köfte machen, meine Mutter hat es mir gezeigt. Die will ich unbedingt zur Party mitbringen.«

»Köfte?« Hung zog die Nase kraus. »Was ist das denn?«

»So eine Art gebratene Fleischklöße«, klärte Rima ihn auf. »Mit türkischen Gewürzen.«

»Kannst du vergessen.« Celina winkte ab. »Dass wir da richtig picknicken und Musik hören, ist nie im Leben erlaubt. Bestimmt kommt dann gleich die Meckerliese und hetzt uns das Ordnungsamt auf den Hals. Oder wir müssen eine Genehmigung beantragen.«

»Ich glaube, Kinder müssen das nicht«, widersprach Hung. »Nur Erwachsene. Höchstens wegen der lauten Musik könnte es Ärger geben.«

»Mein Vater hat früher immer alle Nachbarn mit eingeladen, wenn er eine laute Party feiern wollte«, erzählte ich. »Dann *konnten* die gar nicht mehr meckern oder die Polizei rufen.«

»So können wir das doch auch machen!«, rief Kerim. »Wir laden einfach jeden ein, der vorbeikommt und meckern will. Das wird die tollste Brunnenplatz-Party aller Zeiten!«

Celina schüttelte den Kopf. »Willst du etwa mit der Meckerliese feiern?«, fragte sie und tippte sich an die Stirn. »Oder mit dem Hausmeister?«

»Wenn unsere Eltern dabei sind, sind die vielleicht gar

nicht so böse«, überlegte Hung laut. »Untereinander sind Erwachsene ja meistens höflich.«

»Erst mal müssen wir fragen, ob wir überhaupt dürfen«, sagte Violetta. »Kann ja auch sein, dass es gar nicht alle Eltern erlauben.«

»Was machen wir dann?« Benni wollte schon seine Unterlippe vorschieben.

»Dann feiern wir alleine«, beruhigte ihn Rima. »Bei uns dürfen wir auf jeden Fall.«

Das beruhigte uns alle. Aber draußen am Delfinbrunnen zu feiern – dazu hatte ich trotzdem mehr Lust und ich glaube, die anderen auch. Also machten wir aus, dass jeder zu Hause fragen geht. Es war sowieso fast Abendbrotzeit. Morgen nach dem Frühstück wollten wir uns wieder treffen.

Mama und Papa fanden die Idee mit der Party am Delfinbrunnen super.

»Ich bringe heiße Würstchen mit«, sagte Mama und Papa wollte einen Kasten Bier besorgen. Nur für den Fall, dass auch Erwachsene kommen würden, die zum Mitfeiern überredet werden mussten. Dann klingelte Kerims Mutter bei uns und brachte eine Kostprobe von Rimas Köfte mit, die wirklich köstlich schmeckten. So langsam konnte ich es kaum noch erwarten, bis es endlich so weit war und unsere Brunnenplatzparty steigen konnte. Bis zum nächsten Morgen mussten wir gar nicht warten, um alles zu besprechen. Den ganzen Abend lang liefen wir alle mit unseren Eltern im Haus hin und her, weil jedem immer wieder etwas Neues einfiel. Violetta konnte von uns Kindern am besten schreiben und hielt alles auf einer Liste fest, was jeder mitbringen wollte.

Bis zum Samstag waren es zwar noch zwei Tage, aber die würden wir schon irgendwie rumkriegen. Langeweile hatten wir ja fast nie. Wir vertrieben uns die Zeit, indem wir für die Party Girlanden bastelten, Musik aussuchten und uns Spiele überlegten. Die Mädchen redeten fast pausenlos darüber, was sie anziehen wollten. Wir Jungs taten so, als ob uns unsere Klamotten ganz egal wären. Aber ich zog die ganze restliche Woche mein schwarzes Lieblings-T-Shirt mit der silbernen Graffitti-Schrift darauf nicht mehr an, weil ich es für die Party aufheben wollte. Ein bisschen cool aussehen wollte ich schließlich auch.

Vor allem aber wurde ich immer nervöser, und auch die anderen sprachen dauernd von dem Brief und der Überraschung, die auf mich warten sollte. In unserer Zentrale nahmen wir ihn immer wieder aus seinem Versteck hervor und versuchten darauf zu kommen, was er bedeutete, aber es gab keinen Hinweis.

Und dann war es endlich so weit. Am Samstagvormittag mussten Emma und ich noch mit Mama zum Einkaufen gehen, um Schulsachen zu besorgen, und kauften außer den Stiften und Heften gleich noch Pappgeschirr,

Würstchen, Toastbrot und Ketchup. Nachmittags schleppten alle Kinder zusammen mit den Eltern die Sachen nach unten, um alles rund um den Delfinbrunnen aufzubauen. Papa schleppte einen Tapeziertisch an, der seit dem Umzug noch in unserem Keller stand. Darauf stellten wir das Pappgeschirr und alles, was zum kalten Buffet gehörte. Der Tisch reichte kaum, so viel hatten wir. Natürlich hatte Kerims Mama wieder am meisten gemacht, aber auch die anderen Eltern brachten Salate, belegte Brötchenhälften, Götterspeise und vieles andere mit. Zu trinken hatten wir Cola, Orangensaft und Mineralwasser. Violetta und ihre Mutter spannten unsere selbst gebastelten Girlanden zwischen den Bäumen auf. Wir hatten richtig viel zu tun, doch schon bald sah es rund um den Delfinbrunnen richtig feierlich aus. Je mehr wir aufgebaut hatten, desto mehr Leute kamen vorbei und schauten uns mit neugierigen Blicken zu. Immer wieder blickte ich mich verstohlen um, doch nirgends konnte ich jemanden entdecken, der wie der Absender eines geheimnisvollen Briefes aus Zeitungsbuchstaben aussah. Eine Überraschung war bisher auch nicht in Sicht. Aber ohne Zweifel sollte es heute Abend so weit sein. Gut, dass der Brunnenplatz so belebt war. Sonst hätte ich vielleicht doch Angst bekommen.

»Was wird denn das?«, fragte ein junger Mann. Erst als ich genauer hinsah, erkannte ich, dass es der Filmstar war, der neulich mit der Bäckereiverkäuferin Gummiherzen gegessen hatte. »Ein Kindergeburtstag?«

»Nein, wir feiern einfach nur, weil wir Lust dazu haben«, antwortete ich.

»Wow, coole Angelegenheit«, sagte er. »Da bekomme ich ja glatt selber Lust.«

»Sie können ja mitfeiern!«, rief Benni und machte Augen so groß wie Lakritzschnecken.

»Mach ich doch glatt«, antwortete der Filmstar. »Ich sage nur schnell meiner Freundin Bescheid und dann kommen wir.«

Vor allem aber kamen viele Kinder. Ich hatte noch gar nicht gewusst, dass so viele am Brunnenplatz wohnen. Aus allen Haustüren schienen sie wie Ameisen aus ihrem Bau zu kriechen und sich bei uns zu versammeln. Zuerst spielten wir Völkerball, doch alle schielten immer wieder auf das Buffet. Celina hatte eine große Plastikbox mit Fruchtgummitieren auf das Buffet gestellt, auf die sich alle begeistert stürzten. Sie war schon beinahe leer. Celina holte tief Luft und wollte sich beschweren, da zwängte sich eine junge Frau zwischen den vielen Kindern hindurch – die Freundin vom Filmstar aus der Bäckerei!

»Es sieht so aus, als könntet ihr Nachschub gebrauchen«, sagte sie und stellte einen Behälter mit roten Gummiherzen neben Celinas Box. Eine Frau mit drei Kindern kam und stellte einen Teller Doppelkekse dazu, ein Mann brachte einen Kasten Zitronenlimo. Auf einem Fahrrad radelte ein großer Junge mit langen Haaren heran, der eine Gitarre auf seinem Rücken trug.

»Hab ich was verpasst?«, fragte er und nahm sich eine Handvoll Erdnussflips aus einer Schüssel. »Wusste ja gar nicht, dass heute hier 'ne Fete steigt.«

»Verpasst nicht«, sagte Kerim. »Aber du kannst gerne ein bisschen Musik machen, wenn du Lust hast.«

Und das machte der Junge tatsächlich! Er lehnte sein Fahrrad an einen Baum, packte seine Gitarre aus, setzte sich auf den Brunnenrand und fing an zu spielen. Dazu sang er Lieder auf Englisch.

»Er hat eine tolle Stimme«, flüsterte mir Violetta zu. »Er könnte glatt bei *Deutschland sucht den Superstar* mitmachen.«

Gerade wollte ich auch etwas sagen, da kam eine Frau mit dunkelbrauner Haut und ganz vielen schwarzen geflochtenen Zöpfen an und stellte einen Topf auf das Buffet, aus dem es köstlich duftete. Süßlich und irgendwie nach Bananen, aber auch nach Gewürzen. Der Duft aus dem Brief, schoss es mir durch den Kopf, und im selben Augenblick drehte sie sich auch schon um und setzte sich neben den Jungen mit der Gitarre, stellte eine kleine doppelte Trommel auf ihren Knien ab, zupfte ihr buntes Kleid zurecht und fing an, mit ihren Händen den Takt zur Musik zu schlagen. Ich konnte nicht aufhören sie anzustarren, denn ich hatte sie längst erkannt. Immer mehr Leute kamen dazu und bildeten einen Kreis um den Delfinbrunnen. Und dann stand er plötzlich neben mir mit seinem Lachen aus blitzend weißen Zähnen. Mein alter Freund Freddie, den ich so lange nicht gesehen hatte. Die Frau war natürlich seine Mutter und aus dem Topf duftete es nach der afrikanischen Kochbananensuppe, die wir früher so oft bei Freddie gegessen hatten.

»Freddie!«, rief ich und starrte ihn an, als wäre er ein Alien. »Wie kommst du auf einmal… war der Brief von *dir?*«

»Hast du das nicht gerochen?«, fragte er lachend, dann begann er im Takt der Musik auf seinen Füßen zu wippen und sogar zu tanzen. Er konnte es richtig gut und die Leute ringsum jubelten ihm zu. Als das Lied zu Ende war, kam er wieder zu uns und ich stellte ihn den anderen vor.

»Wir wohnen in dem Haus da drüben«, sagte er. »Nummer vierzehn.« Er zeigte auf das Hochhaus, das genau gegenüber von unserem lag.

»Ihr wohnt jetzt auch hier?« Ich konnte es einfach nicht glauben. »Also, *das* ist wirklich eine Überraschung! Du immer mit deinen verrückten Ideen!« Ich wollte fast durchdrehen vor Freude, linste aber verstohlen nach Emma, die sich bestimmt gewünscht hätte, dass ihre Freundin Lisa auch zum Brunnenplatz zieht, und nun vielleicht traurig war. Aber Emma spielte gerade mit Rima und Celina Gummitwist und sah überhaupt nicht traurig aus.

»In eurem Haus wohnt auch die Meckerliese«, sagte Kerim. »Hast du sie schon mal getroffen? Ihr Hobby ist Schimpfen und Verbieten.«

Freddie hielt sich die Hand vor den Mund, prustete los und nickte. Im selben Moment sah ich sie. Die Meckerliese stand genau hinter Freddie und Kerim. Bestimmt hatte sie alles gehört. Sie bekam ganz rote Flecken am Hals und schnaufte vor Empörung. Ich versuchte, Kerim und Freddie ein Zeichen zu geben, damit sie merkten, dass die Meckerliese da war. Aber die holte gerade tief Luft.

»Das ist ja ungeheuerlich«, schimpfte sie. »Das hier ist ein Springbrunnen und kein Rummelplatz! Ich werde die Hausverwaltung…«

Meine Freunde und ich erstarrten. Ich wusste nicht, was wir tun sollten. Wenn sonst die Meckerliese kam, sind wir ja immer weggerannt. Das ging jetzt natürlich nicht. Aber ich hatte Angst, dass unsere schöne Party viel zu schnell zu Ende sein würde. Mit der Hausverwaltung anlegen wollte sich bestimmt keiner von den anderen Erwachsenen.

Da kam uns meine Mutter zu Hilfe.

»Der Springbrunnen ist auch eine Gemeinschaftsanlage«, sagte sie. »Ist es nicht eine schöne Idee von den Kindern, hier eine Party zu veranstalten? Der ganze Block macht mit und hat gute Laune. Kommen Sie, nehmen Sie sich eine Bockwurst. Darf ich etwas Senf dazureichen?«

Schon hatte die Meckerliese einen Pappteller mit einer Bockwurst, einer Scheibe Weißbrot und einem Klacks Senf in der Hand. Ein wenig grummelte sie noch vor sich hin, doch dann drückte Papa ihr auch noch eine Flasche Bier in die andere Hand und prostete ihr zu. Da konnte sie nichts mehr sagen. Genau wie alle anderen Leute biss sie von ihrer Wurst ab, aber man konnte an ihren Augen sehen, dass sie überlegte, ob sie nicht doch noch schimpfen sollte.

»Ja, wen haben wir denn da?«, tönte plötzlich eine tiefe Stimme von der anderen Seite des Delfinbrunnens her. »Die Brunhilde! Wer hätte das gedacht!«

Ich erkannte die Stimme gleich und schon tauchte der Kopf des Hausmeisters unter einer der Girlanden auf. Er humpelte auf die Meckerliese zu.

»Wir haben uns ja eine Ewigkeit nicht gesehen!«, rief er. »Wollen wir nicht ein Tänzchen miteinander wagen?«

Ich traute meinen Ohren nicht, aber Kerim schaltete sofort und winkte seinen Bruder Attila heran. Der kramte in einem Pappkarton voller CDs und wenig später schallte alte Schlagermusik über den ganzen Brunnenplatz. Die Meckerliese strahlte den Hausmeister an und schien so glücklich zu sein, dass sie nicht merkte, wie ihr die Wurst vom Pappteller rutschte. Diese Sekunde nutzte Hammer. Er sprang so schnell auf sie zu, dass Celina ihn nicht mehr festhalten konnte, schnappte sich die Wurst und rannte auf seinen kurzen Beinen zu dem Gittertor, in dem Benni ein paar Tage zuvor stecken geblieben war. Er passte ganz leicht zwischen zwei Stäben hindurch und verschlang auf der anderen Seite genüsslich seine Beute.

»Das ist doch wohl die Höhe!«, japste die Meckerliese, »dieser verflixte Köter!«

Aber der Hausmeister legte seinen Arm um ihre Taille und fing an, mit ihr zu tanzen, so gut er das mit seinem Humpelbein konnte. Ein paar von den anderen Erwachsenen machten es ihnen nach, bis Attila von den Schlagern genug hatte und Popmusik einlegte. Da haben dann mehr wir Kinder getanzt und sogar ein paar Jugendliche und unsere Eltern.

Inzwischen war der ganze Brunnenplatz voller Menschen und immer wieder stellte irgendjemand etwas zu essen oder zu trinken auf den Tisch. Wir feierten noch, als es dunkel wurde. Mit den Lichtern aus den Häusern ringsum und den Laternen auf dem Brunnenplatz sah alles noch schöner aus. Ich dachte gerade, dass ich noch nie so eine tolle Party erlebt hatte, da tippte mich Emma von der Seite an.

»Guck mal, Olli«, sagte sie. »Da ist Frau Nitschmann.«

Sie deutete auf eine alte Frau, die auf einer der Bänke saß. Zu ihren Füßen hatten sich ein paar Spatzen niedergelassen und pickten nach den Brotkrümeln, die sie ihnen hinwarf. Eilig alarmierte ich die anderen Kinder und zusammen gingen wir zu ihr.

»Ist Piep auch dabei?«, fragte Benni, nachdem wir Frau Nitschmann begrüßt hatten.

»Ich glaube schon«, sagte sie. »Ich habe ihn vorgestern freilassen können, aber bis nach Afrika ist er bestimmt noch nicht geflogen.«

»Mal sehen, ob er seinen Namen noch kennt«, sagte Benni. »Piep, komm mal her, Piep! Piep, Piep, Piep!«

»Du bist ja selber ein kleiner Spatz«, lachte Frau Nitschmann, und Benni hockte sich auch gleich vor sie hin und öffnete seinen Mund wie ein Vogelbaby den Schnabel. Frau Nitschmann warf ihm ein Stückchen Weißbrot hinein.

»Was für eine schöne Feier«, sagte sie dann. »So etwas hat es hier in all den Jahren noch nicht gegeben, solange ich am Brunnenplatz wohne.«

»Wie lange wohnen Sie denn schon hier?«, wollte Celina wissen. Frau Nitschmann legte ihren Kopf schief und überlegte.

»Vierundvierzig Jahre«, sagte sie dann. »Da waren die Hochhäuser gerade neu gebaut worden und jeder, der hier eine billige Wohnung kriegen konnte, hat sich gefreut wie sonst was. Ich brauche nur die Augen zu schließen, dann rieche ich wieder die frische Farbe im Treppenhaus. Obwohl es schon so lange her ist.«

»Vierundvierzig Jahre«, wiederholte ich. »So lange will ich auch am Brunnenplatz wohnen. Oder sogar noch länger.«

»Ich auch«, sagten Emma und Rima und meine anderen Freunde wie aus einem Munde. Wir legten alle unsere Hände aufeinander und schworen, nie wieder hier wegzuziehen. Am lautesten schwor Freddie.

»Wenn man will, kann man es sich überall schön machen«, sagte Frau Nitschmann. Genau wie Papa es gesagt hatte, bevor wir hergezogen waren. »Aber ich glaube, jetzt müsst ihr euren Eltern beim Aufräumen helfen. Die Leute packen schon ihre Sachen zusammen.«

Zum Aufräumen hatten wir eigentlich keine Lust. Aber dass am nächsten Tag lauter Müll am Delfinbrunnen herumlag, wollten wir auch nicht. Vor dem Montag, an dem die Schule anfing, kam ja erst noch der Sonntag. Und den wollten wir noch mal so richtig ausnutzen, um miteinander zu spielen.

Literarisches Rätsel
Welttag des Buches-Quiz

Schade, dass die Geschichte schon zu Ende ist, findest du nicht auch? Aber wenn du willst, kannst du dich noch weiter mit den Abenteuern der Kinder vom Brunnenplatz beschäftigen und das folgende Rätsel lösen. Was es dabei zu gewinnen gibt, findest du auf S. 125.

Wenn du die Geschichte genau gelesen hast, findest du sicher die richtigen Antworten unseres Welttags-Rätsels. Trage jeweils den Buchstaben, der vor der richtigen Antwort steht, auf den Strich mit der entsprechenden Nummer ein. Der Buchstabe zur Frage 1 kommt also auf den Strich mit der Nummer 1 usw.

Falls dir eine Antwort nicht einfallen sollte, dann lies doch einfach noch mal in der Geschichte nach.

Unter allen Einsendungen ziehen wir 20 Gewinner, die tolle Preise gewinnen können. Wohin du den Lösungssatz schicken musst und was es zu gewinnen gibt, findest du auf den Seiten 124 und 125.

Wir wünschen dir viel Spaß beim Suchen und Finden der Lösungen und viel Glück!

1. Was ist Ollis Lieblingsgericht?

   M) Köfte mit Jogurt und Gurke

   D) Pudding mit Mandelsplittern

   K) Bananensuppe mit Mais

   B) Würstchen mit Senf

2. Zu welcher Hunderasse gehört Celinas Hund
   »Hammer«?

   I) Terrier

   Z) Dackel

   P) Chihuahua

   N) Bulldogge

3. Wie viel Geld hat die Bande am Ende für Süßigkeiten
   zusammen?

   W) 1,60 €

   B) 3,20 €

   S) 1,20 €

   A) 2,80 €

4. Welches Spiel lernt Olli von Kerim?

   R) Backgammon

   T) Scrabble

   L) Mikado

   C) Schach

5. Wie heißen Olli und Emma mit Nachnamen?

F) Hase

D) Bär

N) Wolf

A) Vogel

6. Nach was riecht es in Frau Nitschmanns Wohnung?

H) Bratfett, faulen Eiern und Mundgeruch

P) Kohlsuppe, alter Bettwäsche und schlechter
Belüftung

Z) Knoblauch, exotischen Gewürzen und
Zigarettenrauch

T) Waffeln, Parfüm und frischer Farbe

7. Wann feiert die Bande vom Brunnenplatz ihre Riesen-
party?

U) am letzten Sommerferientag

E) am zweiten Tag nach Ollis und Emmas Umzug

A) am letzten Samstag in den Sommerferien

O) am ersten Freitag in den Sommerferien

Lösungssatz:

Olli und seine neuen Freunde leben nach dem Motto:

»Wer so gut drauf ist wie wir…

__ A __ N   Ü __ E __ __ L L   S __ __ S S   haben!«

1   2   3   4 5   6 7

Hast du den Lösungssatz gefunden?

Dann sende ihn bitte an:

Stiftung Lesen

Welttags-Geschichten-Quiz

Römerwall 40

55131 Mainz

FAX: 01805-224393640

E-Mail: quiz@stiftunglesen.de

WICHTIG:

Vergiss nicht, bei deiner Einsendung deine Adresse und deine Klassenstufe anzugeben.

Einsendeschluss für das Quiz ist Freitag, der 11. Mai 2012. Die Gewinner werden unter allen richtigen Einsendungen ausgelost. Der Rechtsweg ist ausgeschlossen.

Die Lösung sowie die Gewinner werden ab Mitte Juni auf unserer Internetseite unter www.stiftunglesen.de/welttag-des-buches veröffentlicht. Da sich am Welttags-Geschichten-Quiz jedes Jahr sehr viele Schülerinnen und Schüler beteiligen, können wir nur die Gewinner schriftlich benachrichtigen.

Die Preise

1. Preis

Ein eintägiger Ausflug mit der ganzen Klasse ins TV-Studio zur Aufzeichnung der ZDF tivi-Quizsendung »1, 2 oder 3« nach München

2.–10. Preis:

Je ein Jahresabonnement der Zeitschrift Treff sowie ein Buchpaket für die Klassenbibliothek

11.–25. Preis:

Je eine schwarz-gelbe Sporttasche gefüllt mit Büchern für die Klassenbibliothek, Briefpapier-Sets mit Briefbögen und Umschlägen sowie bunten Stiftesets

Deutsche Post

Bei allen Preisen handelt es sich um Klassenpreise.

DIE AUTORIN

Christine Fehér wurde 1965 in Berlin geboren. Neben ihrer Arbeit als Lehrerin schreibt sie seit einigen Jahren erfolgreich Kinder- und Jugendbücher. Sie lebt mit ihrer Familie am nördlichen Stadtrand von Berlin.

☛ LESETIPP

Als die hübsche Clarissa neu in Maries Klasse kommt, weht über Nacht ein anderer Wind: Clarissa ist Model auf Teenie-Modenschauen und in null Komma nichts wird sie zum Star der Klasse. Alle Jungs sind in Clarissa verknallt und die Mädchen wollen sich in ihrem Glanz sonnen. Sogar Maries Freundin Nora ist von der Neuen angetan. Marie aber macht Clarissas Art stutzig. Ist bei der Neuen wirklich alles Gold, was glänzt?
(ISBN 978-3-570-21826-6)

Nachwort

Was gibt es Abenteuerlicheres als neue Freunde zu finden?

Hat euch die Geschichte der Kinder vom Brunnenplatz gefallen? Gute Freunde sind etwas ganz besonderes – Kerim, Olli, Emma, Hung, Celina, Benni, Violetta und Rima hatten in den Sommerferien nicht nur eine schöne und spannende Zeit, sondern haben auch in schwierigen Situationen zusammengehalten. Ihr habt bestimmt auch Freunde, die immer für euch da sind und mit denen ihr die aufregendsten Abenteuer erlebt. Vielleicht gibt es in eurer Klasse auch jemanden, den oder die ihr näher kennen lernen wollt.

Wenn man gemeinsam etwas erlebt, dann freundet man sich viel schneller an: Versucht doch mal, zusammen das Quiz in diesem Buch zu lösen – mit etwas Glück gewinnt ihr für eure Klasse nicht nur einen tollen Preis – sondern auch neue Freunde!

Das Quiz in diesem Buch ist aber nur einer von vielen Wettbewerben rund um den Welttag des Buches. Gemeinsam mit der Deutschen Post laden wir euch zu einem Schreib- und Kreativwettbewerb ein. Dabei sind eure Ideen gefragt: Schreibt einen geheimnisvollen Brief an die Kinderbande und erzählt damit den Verlauf der

Geschichte neu. Die Gewinnerklasse darf sich auf einen Tagesausflug voller Abenteuer freuen.

Auch der zweite Preis ist absolut spannend: Die Schülerinnen und Schüler gewinnen einen Film-Workshop. Dabei erstellen sie einen Beitrag, der auf der Spiele- und Wissensplattform für Kinder www.clixmix.de veröffentlicht wird. Dort wird übrigens auch ein Film zum Welttag des Buches zu finden sein – klickt doch mal rein!

Alle Infos zum Schreib- und Kreativwettbewerb bekommt ihr von eurer Lehrerin/eurem Lehrer oder unter: www.stiftunglesen.de/welttag-des-buches

Viele Buchhandlungen bieten darüber hinaus eine literarische Schnitzeljagd zum Welttag des Buches an. Quer durch die Buchhandlung könnt ihr dabei verschiedene Rätsel und Fragen zu »Wir vom Brunnenplatz« lösen. Zu gewinnen gibt es jede Menge spannenden Lesestoff – mitmachen lohnt sich!

Auch in ZDF tivi, dem Kinder- und Jugendprogramm des ZDF, wird der Welttag des Buches gefeiert: Schaut doch mal rein – verschiedene Sendungen werden zum Thema Bücher und Lesen berichten. Weitere Informationen gibt es im ZDF-Internetangebot für Kinder unter: www.zdftivi.de

Wir wünschen euch einen spannenden Welttag des Buches, viel Spaß und viel Glück beim Rätsel-Lösen und Schreiben von geheimnisvollen Briefen!